GUIDES JOANNE

TURIN

EXPOSITION 1911

HACHETTE & Cie

1 FRANC

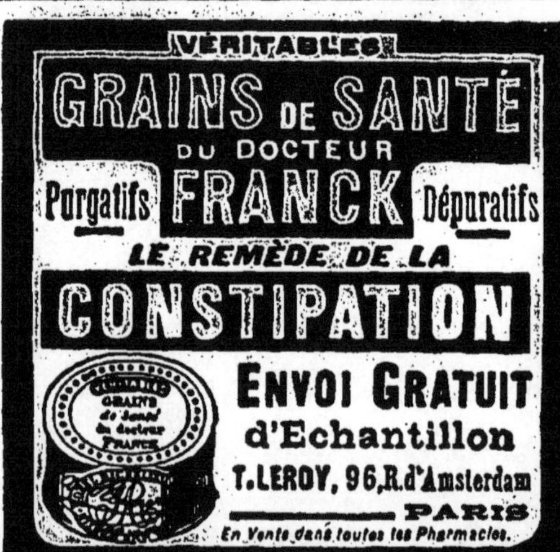
VÉRITABLES
GRAINS DE SANTÉ
DU DOCTEUR
Porgatifs
FRANCK
Dépuratifs
LE REMÈDE DE LA
CONSTIPATION
ENVOI GRATUIT
d'Echantillon
T. LEROY, 96, R. d'Amsterdam
PARIS
En Vente dans toutes les Pharmacies.

PUBLICITE

DES

GUIDES JOANNE

TURIN

HOTELS

ET

ÉTABLISSEMENTS DIVERS

TURIN

GRAND HOTEL FIORINA

22, rue Pietro Micca, 22

Maison de premier ordre.— *Ascenseur électrique.* — Eclairage électrique dans toutes les chambres.— Salon de lecture.— Salle de bains et douches. — Chauffage central. — *Omnibus à tous les trains et aux deux gares.* — Téléphone 1010. — Prix modérés.

On parle les langues

TURIN

Grand Café-Restaurant-Brasserie FIORINA

PROPRIÉTAIRE : FIORINA SALVATORE

22, rue Pietro Micca, 22

Avec salon et salle réservée pour dîners et soirées. — Grande salle souterraine avec 14 billards italiens, français, anglais. — *Unique rendez-vous de sport de la ville.*— On parle les langues.

TURIN

G HOTEL BONNE-FEMME

MÉTROPOLE ET FÉDER

Place du Château et rue Pietro Micca, 3

Maison de tout premier ordre. — Tout dernier confort. — Auto-garage. — *Ascenseur.* — *Téléphone* 7.48. — Bains.

Héritiers BERRA, Propriétaires

TURIN

G^d HOTEL de VILLE et de BOLOGNE

Complètement renouvelé

A deux pas et vis-à-vis de la Gare centrale

Le seul n'ayant pas besoin d'omnibus

DERNIER CONFORT

Arrangements pour familles. — Prix modérés.

L. GUERCIO, Propriétaire

COLLECTION DES GUIDES-JOANNE

FONDÉE EN 1840 PAR AD. JOANNE, PUBLIÉE
SOUS LA DIRECTION DE MARCEL MONMARCHÉ

TURIN

ET SES ENVIRONS

Monument du Mont Cenis.

3 PLANS ET 13 GRAVURES

LIBRAIRIE HACHETTE ET Cie
79, Bd SAINT-GERMAIN, PARIS
1911

Cliché Photoglob C°, Zurich.

Môle Antonelliana.

TURIN

DE PARIS A TURIN

1° CHEMINS DE FER

A. Par Dijon, Culoz, Modane et le tunnel du Mont-Cenis.

801 k. (gare boulevard Diderot), en 14 h. ou 15 h. 20 par express ou en 27 h. 30 par train omnibus. — 91 fr. 50 en 1re cl., 62 fr. 15 en 2e cl., 40 fr. 70 en 3e cl. (billets valables 10 j., avec arrêts facultatifs); aller et retour : 147 fr., 106 fr. 15, 69 fr. 25 (valables 30 j. et pouvant être prolongés de 15 j., moyennant un supplément de 10 p. 100; *valables 60 j.*, lorsque le voyageur prend, à Paris, un billet de voyage circulaire italien, conjointement avec le billet d'aller et retour Paris-Turin, ou lorsqu'il justifie avoir pris à Turin soit un billet circulaire italien, soit un abonnement spécial italien, soit un billet d'aller et retour combiné italien. — Un **train de luxe** (1re cl.; wagons-lits, wagon-restaurant) dit « Paris-Rome-Naples-Palerme-Express » circule 3 fois par semaine, *via* Modane-Turin (de Paris à Turin en 14 h. 30 env.); le billet (1re cl.) pour ce train coûte, avec le supplément, 117 fr. 45 (aller et retour, valable 30 jours, 198 fr. 95); pour retenir une place d'avance il faut payer en outre 3 fr. — Un wagon-lits fait partie des express de l'après-midi et du soir (supplém. de Paris à Turin, 26 fr. 10; pour retenir une place d'avance, 2 fr. 50); un wagon-restaurant fait partie de certains trains, entre Dijon et Bourg et Modane et Turin. — Des voitures de 1re cl., avec coupés-lits ou lits-salon, et des voit. de 2e cl. font partie de certains rapides et express entre Paris et Turin (consulter un indicateur récent).

Pour retenir sa place à l'avance, s'adresser, *à Paris*, à l'Agence de la Cie Internationale des Wagons-Lits, 5, boulevard des Capucines, et aux Tickets-Offices du Grand-Hôtel, de l'Hôtel Continental et de l'Élysée-Palace; — à *Turin*, au Contrôleur de la dite Compagnie, à la gare Centrale.

N. B. — L'heure centrale avance de 1 h. sur celle de Paris; en Italie on compte les heures de 0 à 24, à partir de minuit (minuit et demi, 0 h. 30; midi, 12 h., 1 h., 13 h., etc.).

La voie remonte la vallée de la Seine de Paris à (79 k.) *Montereau*, puis la vallée de l'Yonne (à g., cathédrale de *Sens*).

155 k. **Laroche** (B) (1er arrêt des rapides). — Vallées de l'Armançon, puis de la Brenne et de l'Oze. A dr., le *Mont Auxois* avec la statue colossale de Vercingétorix. — Tunnel de *Blaisy-Bas* (long. 4,100 m.; alt. 405 m.), où l'on franchit le faîte de la Côte d'Or, puis belle descente sur le versant de la Saône.

315 k. **Dijon** Ⓑ; certains trains vont directement de Dijon à Bourg par *Saint-Amour*, à travers la plaine de la Bresse; les autres passent par (440 k.) *Mâcon* Ⓑ, où l'on franchit la Saône.

477 k. **Bourg** Ⓑ. — On longe à g. le front du Jura. — 509 k. *Ambérieu*. — La voie pénètre dans le Jura (pittoresque) par la vallée de l'Albarine et traverse la belle *cluse des Hôpitaux* pour déboucher dans la vallée du Rhône, à : — 550 k. *Culoz* Ⓑ. ✕ des lignes de Genève et de Modane. — La voie franchit le Rhône et longe le *lac du Bourget* (à dr., très pittoresque).

581 k. **Aix-les-Bains** Ⓑ. — 596 k. *Chambéry* Ⓑ. — La voie débouche à (609 k.) *Montmélian* dans la grande vallée de l'Isère ou Graisivaudan, puis s'engage après (620 k.) *Saint-Pierre-d'Albigny* dans la vallée de l'Arc, ou *Maurienne*, qu'elle remonte jusqu'à Modane (grands paysages alpestres). — 665 k. *Saint-Jean-de-Maurienne*. — 677 k. *Saint-Michel*. — Tunnels.

694 k. **Modane** Ⓑ (cabinets de toilette; change de monnaie, douanes italienne et française: aux deux trains express de nuit, dans les deux sens, les bagages ne sont visités qu'aux gares terminus).

La voie décrit une courbe autour de Modane, passe dans un tunnel et atteint, à 100 m. au-dessus du fond de la vallée, l'entrée du grand **tunnel du Fréjus**, plus connu sous le nom de tunnel du **Mont-Cenis**, percé de 1857 à 1870 (long. 12,233 m.; point culminant, 1,294 m.; traversée en 25 min. env.).

714 k. *Bardonnèche*, 1re station italienne. — 725 k. *Oulx*. — On descend la vallée de la Doire, que l'on franchit. — 731 k. *Salbertrand*. — Pont de *Combascura*, haut de 45 m. — Nombreux tunnels. — 747 k. *Meana-Susa*. — Très belles vues sur Suse (à g.) et la route du Mont-Cenis.

755 h. *Bussoleno*. — 773 k. *Sant'Ambrogio*. — A dr., au sommet d'un rocher escarpé, célèbre couvent de la *Sagra di San Michele* (*V.* p. 24), fondé au xe s. On débouche dans la plaine du Piémont.

801 k. **Turin**, gare Centrale Ⓑ (cabinets de toilette; omnibus des hôtels; tram pour la ville, 10 c.).

B. — Par Pontarlier, Lausanne et le tunnel du Simplon.

935 k.; ch. de fer Paris-Lyon-Méditerranée (gare, boul. Diderot) en 20 h. env. par train direct. Il n'y a pas de billets directs Paris-Turin par cette ligne (d'ailleurs fort intéressante); on peut prendre un billet de Paris à Lausanne (59 fr., 40 fr. 15, 26 fr. 55; all. et retour valables 60 jours, 94 fr., 71 fr. 10, 46 fr. 65) et à Lausanne un billet pour Turin (44 fr. 30, 31 fr. 15, 21 fr. 20; all. et retour, 69 fr. 85, 47 fr. 30, 30 fr. 85). — Des voitures directes de 1re et 2e cl. circulent entre Paris et Lausanne aux trains rapides, ainsi que de Lausanne à Turin; entre Paris et Lausanne les trains express de jour ont un wagon-restaurant et, celui de nuit, un wagon-lits; en outre, un train de luxe (wagon-lits et wagon-restaurant) dit « Simplon-Express, circule tous les jours entre Paris-Lausanne-Milan et on peut l'utiliser jusqu'à Arona, où l'on prend le train ordinaire pour Turin (en ce cas la durée du trajet serait de 21 h. 40).

La partie la plus intéressante de cette route commence au delà de Pontarlier. — Entre Lausanne (belle vue sur le lac Léman jusqu'à Villeneuve) et Martigny se placer à dr. — Entre Brigue, Domodossola et Arona se placer à g.; à partir de la station de Pallanza-Fondotoce, on a à g. le lac Majeur (golfe de Pallanza; îles Borromées).

DE PARIS A LAUSANNE

527 k., en 9 h. env. par train rapide et 10 h. par express.

315 k. de Paris à Dijon comme ci-dessus *A*. — La ligne de Pontarlier traverse la grande plaine de la Saône qu'elle franchit à (**347 k.**) *Auxonne*. — 362 k. *Dôle*. — On croise le Doubs et l'on traverse la forêt de Chaux.

394 k. *Mouchard* Ⓑ, au pied des premiers contreforts du **Jura** que la voie va désormais gravir et traverser (parcours pittoresque; viaducs et tunnels). — 418 k. *Andelot*. — On traverse la magnifique *forêt de la Joux* (sapins).

455 k. **Pontarlier** Ⓑ (douane française; hôt. *de la Poste*), à 870 m., sur le Doubs; à partir d'ici la ligne est exploitée par la Suisse. — On traverse la belle *cluse*, dominée par les forts du Larmont et de Joux, et par laquelle l'armée de l'Est se retira en Suisse en février 1871. — **472** k. *Hôpitaux-Jougne*, dernière station française à 992 m. d'alt. — On franchit la ligne de partage des eaux entre les versants du Rhône et du Rhin, dans un *tunnel* long de **1,550** m., suivi d'une *très belle descente* dans les vallées de la Jougnenaz, puis de l'Orbe.

481 k. **Vallorbe** (douane suisse, visite sommaire des bagages). — Le train franchit l'Orbe sur le pont-viaduc du Day. — 522 k. *Renens*; à dr., magnifique vue plongeante sur le lac Léman; à g., sur la hauteur, Lausanne.

527 k. **Lausanne** (hôt. : *de Lausanne, Eden*, etc., à la gare; *Gibbon, de la Paix*, etc., en ville), V. de 52,000 hab., sur les hauteurs dominant le Léman.

DE LAUSANNE A TURIN

PAR BRIGUE, LE TUNNEL DU SIMPLON, DOMODOSSOLA ET ARONA.

402 k.; ch. de fer Fédéraux et de l'Etat italien, en 7 à 9 h.

N. B. — Se placer à g. depuis Brigue.

La voie domine le lac Léman dont elle va longer la rive N. jusqu'à l'entrée du Valais et traverse de beaux vignobles; à dr., belle vue sur les montagnes de la Savoie. — 19 k. *Vevey*. — 25 k. *Montreux*. — 27 k. *Territet*. — A dr., *château de Chillon*.

30 k. *Villeneuve*. — On entre dans la grande vallée du Rhône, ou Valais, que l'on va remonter jusqu'à Brigue. — **40** k. *Aigle*. — **52** k. *Saint-Maurice* Ⓑ. — **93** k. *Sion*, capit. du Valais. — **137** k. *Viège* Ⓑ, au débouché de la vallée de la Viège (ch. de fer pour Zermatt).

146 k. **Brigue** Ⓑ (hôt. : *Couronne et Poste, Victoria, d'Angleterre, Terminus*), petite V. à 618 m., à l'entrée du tunnel du Simplon et à la jonction des routes du Simplon et de la Furka.

La voie, se dirigeant au S.-E., pénètre, à **1** k. 5 de la gare de

Brigue et à 686 m. d'alt., dans le **tunnel du Simplon**, percé de 1898 à 1905 (long. 19,729 m.; point culminant 705 m., au k. 9,1 à la ligne frontière; traversée en 20 min.) et débouche à 634 m. d'alt., dans le Val Divedro.

168 k. *Iselle di Trasquera*, à 631 m. — La voie suit la rive g. du Diveria. — Tunnel de Trasquera (1,700 m.); tunnel hélicoïdal de Varzo (2,944 m.).

174 k. *Varzo*, à 568 m., à g., sur la hauteur.

La voie passe sur la rive dr. du Diveria. — Tunnel (684 m.). — 123 k. *Preglia*. — La voie débouche dans la riante et fertile vallée qu'arrose le Toce descendu du Val Formazza et qui prend le nom de *Val d'Ossola*. L'aspect du pays devient nettement italien (châtaigniers, mûriers, vignes en berceaux, jardins en terrasse).

187 k. **Domodossola** Ⓑ (douane internationale italo-suisse, visite des bagages), petite V. de 3,700 hab., sur le Toce, à 278 m.

La voie franchit le Toce. — 2 tunnels (418 m. et 218 m.). — 208 k. *Vogogna* (château en ruine). — 207 k. *Cuzzago*. — Tunnels (144 m. et 322 m.). — 215 k. *Mergozzo*, dominé vers le S. par le *Mont' Orfano*, aux flancs déchiquetés par les carrières de granit. — La voie longe le *lac de Mergozzo*. — Tunnels du Mont' Orfano (372 m. et 67 m.). — Pont sur le Toce.

216 k. *Pallanza-Fondotoce*, stat. pour (6 k. 5) Pallanza. — La voie atteint le bord du lac Majeur (golfe de Pallanza). — Tunnels (348 m. et 710 m.).

223 k. *Baveno*. — Belle vue, à g., sur le lac et les *îles Borromées*, dont la plus rapprochée est l'Isola Bella, aux jardins en terrasses. — Tunnels (526 m. et 1,074 m.). — 227 k. *Stresa* (belles villas). — 233 k. *Belgirate*. — 235 k. Lesa. — 239 k. *Meina*. — Tunnels (1,180 m. et 660 m.).

244 k. **Arona** Ⓑ, petite V. à l'extrémité S. du lac Majeur.

A partir d'Arona on quitte la ligne du Simplon pour se diriger vers le sud-est. — Tunnel (3,300 m.). — On entre dans la riante vallée de l'Agogna. — 300 k. *Borgomanero*, petite ville de 10,000 hab. — 314 k. *Romagnano*. — Pont sur la Sesia. — 318 k. *Gattinara* (bons vins).

349 k. **Santhià**, où l'on rejoint la grande ligne de Milan à Turin. A dr., vue sur le Mont-Rose. — Pont sur la Doire Baltée.

379 k. **Chivasso**. — A dr., ligne d'Aoste (*V.* ci-dessous, 2°, *B*).

A g., collines que domine la basilique de Superga (p. 20). — On franchit la Stura, puis la Doire Ripuaire.

402 k. *Turin-Porta Susa*, gare succursale.

408 k. (935 k. de Paris). **Turin**, gare centrale (ou de Porta Nuova; Ⓑ; omnibus des hôtels et tram pour la ville).

2° ROUTES

De Paris à Turin par Mâcon, Chambéry, le Mont-Cenis ou le Petit-Saint-Bernard.

787 ou 877 k.; belles routes, ouvertes aux automobiles.

DE PARIS A CHAMBÉRY

565 k. (distance mesurée depuis la sortie de Paris).

39 k. *Melun.* — 70 k. *Montereau.* — 106 k. *Sens.* — 134 k. *Joigny.* — 188 k. *Tonnerre.* — 233 k. *Montbard.* — 266 k. *Villeaux.*

316 k. *Dijon.* — 354 k. *Seurre.* — 399 k. *Louhans.* — 447 k. *Bourg.* — 467 k. *Pont-d'Ain* — 478 k. *Ambérieu.* — 523 k. *Belley.* — 534 k. *Yenne.* — La route s'élève pour franchir le *col du Chat*, et redescend vers le *lac du Bourget* (vue superbe). — 554 k. *Le Bourget.*

569 k. **Chambéry.**

DE CHAMBÉRY A TURIN

A. Par le col du Mont-Cenis.

218 k.; entre Modane et Suse la route, ouverte aux automobiles, est praticable, en terrain libre, du 15 mai au commencement d'octobre.

7 k. *Challes.* — 17 k. *Montmélian.* — On remonte la magnifique vallée de l'Isère. — 28 k. *Saint-Pierre-d'Albigny.* — 30 k. *Le Pont-Royal*, où on laisse, à g., la route de Moutiers (*V.* ci-dessous, *B*) pour s'engager dans la grande vallée de la Maurienne, arrosée par l'Arc, que l'on va désormais remonter. — Beau défilé de Pontamafrey. — 72 k. *Saint-Jean-de-Maurienne.* — 85 k. *Saint-Michel.*

104 k. *Modane.* — A 2 k. de Modane commence la montée raide des forts de l'Esseillon. — La route atteint 1,240 m. d'alt. à (109 k.) *Villarodin*, traverse *Sainte-Anne*, passe sous le *fort de l'Esseillon*, puis descend par (114 k.) *Bramans*, à (116 k.) *Verney* et franchit l'Arc. — 123 k. *Thermignon*, à 1,240 m. — Montée et descente rapides.

128 k. **Lanslebourg**, à 1,398 m. (la douane française est en haut du b., en face de l'hôtel). — La route gravit par six grands lacets le versant du col; au delà du refuge n° 18, bâti au point culminant du **col du Mont-Cenis** (borne-frontière; 2,082 m.), on entre en Italie. — Descente rapide jusqu'au (139 k.) refuge n° 15. — Au-delà de quelques granges, on longe le petit *lac du Mont-Cenis.*

143 k. **Hospice du Mont-Cenis**, à 1,930 m. (*Grand-Hôtel* et *hôtel de la Poste*). — Descente, par des lacets exigeant beaucoup de prudence. — 41 k. *La Grande-Croix* (1,850 m.). — *Plateau de Saint-Nicolas.* — 154 k. *Bard* (douane italienne). — 161 k. *Giaglione.* — On atteint la vallée de la Doire Ripuaire.

166 k. **Suse**, petite ville à 495 m. d'alt. — On descend la vallée de la Doire. — 174 k. *Bussoleno.* — 192 k. *Sant' Ambrogio.* — A droite, sur le mont Pirchiriano, célèbre couvent de la Sagra di San Michele (*V.* p. 27). — 205 k. *Rivoli.*

218 k. (787 k. de Paris). **Turin.**

B. *Par le Petit-Saint-Bernard et la vallée d'Aoste.*

● 308 k.; magnifique route, accessible aux automobiles, ouverte généralement en juillet, entre Moutiers et Courmayeur.

30 k. De Chambéry au Pont-Royal (*V.* ci-dessus, *A*), où l'on quitte la route du Mont-Cenis, pour continuer à remonter la vallée de l'Isère, ou Tarentaise. — 52 k. *Albertville*, où l'on franchit l'Arby.

80 k. **Moutiers** (hôt. *de la Couronne*). — La route s'élève constamment. — 106 k. *Bourg-Saint-Maurice*, à 815 m. d'alt. — 110 k. *Séez*, où commence la grande montée en lacets multipliés qui aboutit au col du Petit-Saint-Bernard (vue splendide sur toute la vallée de l'Isère.

137 k. **Hospice du Petit-Saint-Bernard** (chalet-hôtel; douane française), à 2,157 m. d'alt., sur territoire italien; sur la frontière, chapelle et monument de St Bernard de Menthon. — 139 k. *Col du Petit-Saint-Bernard*, à 2,188 m. d'alt., dominé par la masse du Mont-Blanc. — 151 k. *La Thuile* (douane italienne). — Descente en lacets. — On laisse à dr. *Pré-Saint-Didier*, à 900 m., station estivale et balnéaire (source ferrugineuse arsenicale) fréquentée; puis la route bifurque : à dr. vers Aoste, à g. vers Courmayeur. — La route franchit la Doire Baltée un peu avant (82 k.) *Palleuseux*, où l'on rejoint la route qui va d'Aoste à Courmayeur en longeant la rive g. de la Doire.

La belle route de Courmayeur à Aoste descend constamment l'admirable vallée d'Aoste, qu'arrose la Doire Baltée. — On traverse le beau *défilé de Pierre-Taillée*, puis la *gorge d'Avisé*. Plus loin on voit, à g., les pittoresques châteaux de *Sarriod de la Tour* (XIVe s.) et de *Saint-Pierre* (XIe et XVIe s.), puis la route passe sous la terrasse portant le *château royal de Sarre*.

188 k. **Aoste** (hôt. *Royal Victoria*; *Mont-Blanc*), petite ville de 7.500 hab., à 583 m., dans une plaine fertile, au milieu d'un paysage de toute beauté. — 211 k. *Châtillon* et château d'Ussel. — 213 k. *Saint-Vincent* (*Grand-Hôtel*), à 432 m. d'alt. — Pittoresque défilé du Montjovet. — 216 k. *Montjovet*. — 234 k. *Verrès*. — Défilé de Bard que domine le *fort de Bard* (occupé par les Autrichiens en 1800, il ne put empêcher le passage de Bonaparte et de l'armée française venant du Grand-Saint-Bernard).

246 k. *Pont-Saint-Martin*. — 264 k. **Ivrée**, petite ville pittoresquement située sur les bords de la Doire Baltée et dominée par le château des Quatre-Tours. — 280 k. *Chivasso*.

308 k. (877 k. de Paris). **Turin**.

RENSEIGNEMENTS PRATIQUES

Hôtels : — *Grand-Hôtel d'Europe** (ch. dep. 4 fr.; lunch 4 fr., dîn. 6 ou 7 fr. s. v.;), pl. du Château; — *Grand-Hôtel de Turin* (ch. dep. 4 fr.), r. Sacchi; — *Grand-Hôtel Bonne-Femme et Métropole* (ch. dep. 3 fr. 50; lunch. 3 fr. ou 3 fr. 50 à part, dîn. 4 fr. 50 ou 5 fr.; pens. dep. 10 fr.; rest.), r. Pietro Micca, 3; — *Suisse et Terminus* (ch. dep. 3 fr. 50; lunch 3 fr. 50, dîn. 5 fr.: ;), r. Sacchi; — *Ville et Bologne* (ch. dep. 3 fr. 50; lunch 3 fr. 50, dîn. 4 fr. 50), corso Vitt.-Emanuele II, en face de la gare Centrale; — *Fiorina* (meublé; ch. dep. 3 fr.), r. Pietro Micca, 22; — *Ligure et d'Angleterre*, pl. Carlo-Felice, 9; — *Moderne* (meublé; ch. 2 fr. 50; lunch 2 fr. 50, dîn. 3 fr. 50; rest.;), r. Venti (xx) Settembre; — *Central et Continental* (ch. dep. 3 fr.; lunch 3 fr., dîn. 4 fr. 50; pens. dep. 9 fr.;), r. Finanze; — *France et Concorde* (depuis 8 fr. 50 par j.; ;), r. du Pô, 20; — *du Nord* (ch. dep. 2 fr. 50; lunch 3 fr., dîn. 4 fr.;), r. Roma; — *Roma et Rocca Cavour* (ch. dep. 2 fr. 50), pl. Carlo-Felice; — *Venezia*, r. Venti Settembre, 70; etc.

A l'occasion de l'Exposition de 1911, on annonce l'ouverture des hôtels suivants : — *Grand Hôtel de Victoria** (1er ordre; 250 ch.; appartem. avec bains; restaur.), r. Maria-Vittoria, 33; — *Grand-Hôtel de l'Exposition** (1er ordre; 150 ch.; restaur.), r. Saluzzo; — *Hôtel Regina* (500 ch.; restaur.), corso Regina Margherita; — *Hôtel Dora* (500 ch., 20 salons; restaur.), corso San Maurizio; — *Hôt.-meublé des Nations* (80 ch.), r. Madama Cristina; — *Hôt.-meublé Donizetti* (100 ch.), r. Donizetti; — *Hôtel Valentino* (2e ordre; 85 ch.), r. Ormea; — *Hôt.-pension Eridano* (70 ch.; restaur.; bar), r. Moncalieri (rive dr. du Pô); — *Hôt.-meublé Stupinigi* (50 ch.), r. San Secondo.

Pension de famille : — *Mme J. Prenleloup* (confort moderne; de 5 à 7 fr. par j., ou 135 à 180 fr. par mois, selon la ch.), r. Ospedale, 5, tout près de la place San Carlo.

Restaurants : — *Cambio* (maison fondée en 1790), pl. Carignano, 2; — *Milano*, r. Barbaroux, 4 (près de la pl. du Château); — *Grande Brasserie-restaurant Fiorina*, r. Pietro Micca, 22; — *Molinari*, r. Santa Teresa et pl. Solferino; — *de la Gare Centrale*, à la gare; — *du Parc*, au Valentino; — *Commercio*, r. Venti Settembre, 74, et r. Garibaldi, 4; — *Gambrinus Halle*, à côté du théâtre Alfieri, pl. Solferino; — *Dilei*, r. du Pô; — *Meridiana*, galerie Natta; — *Ligure*, pl. Carlo-Felice, etc.

N. B. — On sert avec le pain ordinaire un pain particulier à Turin, consistant en longues baguettes très minces, appelées *gris-*

sini. — Les *vins* rouges les plus renommés du pays sont : le *Barbera*, le *Grignolino*, le *Barolo* et le *Nebiolo*.

Cafés : — *Romano*, pl. du Château : dans la galleria Subalpina (opérettes; salon souterrain en hiver; jardin sur la pl. du Château en été) : — *Ligure* (avec salle de concerts), pl. Carlo-Felice, 9; — *Voigt*, r. Pietro Micca, 22; — *Nazionale*, *Alfieri*, r. du Pô; — *delli Specchi* , r. Pietro Micca, 18; — *San Carlo*, pl. San Carlo, 2; etc.

Vermout (spécialité de Turin) : — *Carpano*, — *Baralla e Milano*, tous les deux pl. Castello : etc.

Bains : — *La Providenza* (J. Colliex, propr.), établiss. balnéo-hydrothérapique, r. Venti Settembre, 7; — *Bains Cavour*, r. Lagrange, 22; — *Annunciata*, r. du Pô, 51.

Poste et Télégraphe : — Le bureau central des Postes et du Télégraphe doit être installé dans le nouvel hôtel, rue dell' Arsenale, à l'angle de la r. Alfieri : en attendant il se trouve r. Principe Amedeo, 16. — Bureaux ouverts de 8 h. 30 mat. à 9 h. 30 s.

Fiacres : — *Autotaxamètres* (stationnant sur les places principales) : tarif de jour, dans l'enceinte de l'octroi : 2,000 m. 1 fr. 20, par 400 m. successifs (ou par 4 min. d'arrêt) 20 c.; gros bagage, 20 c. par colis; tarif de nuit, comme ci-dessus, 1,500 m. 1 fr. 40, par 300 m. successifs (ou par 4 min. d'arrêt), 20 c. — *A chevaux* (*citadines*) : la course de 6 h. mat. à minuit, dans le périmètre de l'octroi, 1 fr.; de minuit à 6 h. mat., 1 fr. 20; pour la 1re 1/2 h., 1 fr. à 1 fr. 50 : pour 1 h., 1 fr. 50 et 2 fr.; chaque 1/2 h. suivante, 75 c. et 1 fr. : un colis, 20 c.

Trams électriques : — 22 lignes sillonnent la ville; 10 c., 15 et 20 c. suivant le nombre des sections; — billets de corresp. 15 c.

Autogarages : — *Autogarage Peugeot-Croizat*, corso Re Umberto, 40; — *Garages Riuniti*, corso Massimo d'Azeglio, 16; etc., etc. (les principaux, ouverts aussi la nuit).

Banque et Change : — *Banca Commerciale italiana*, corresp. du Crédit Lyonnais, de la Société Générale, etc., r. Santa Teresa, 9.

Agence de voyages : — *Lubin*, Arcivescovado, 1A; — *Gondrand frères*, r. Roma, 22; — *G.-B. Carpaneto*, 7, r. Finanze.

Cie des Wagons-lits : — à la gare.

Théâtres : — *T. Royal* (opéras et ballets), pl. Castello; — *T. Carignan*, pl. Carignan; — *T. Victor-Emmanuel*, r. Rossini, 11; — *T. Scribe*, r. de la Zecca, 27; — *T. Alfieri* (comédie), pl. Solférino; — *T. Balbo*, r. Andrea Doria, 15; — *Politeama Chiarella*, r. Principe Tommaso, 8; — *T. Rossini* (dialecte piémontais), r. du Pô, 24; etc.

Photo Brogi.

Pont et place Victor-Emmanuel.

TURIN

TURIN, en italien *Torino*, est une grande et belle ville moderne de 300.000 habitants (395,000 avec la banlieue), située à 239 m. d'alt., entre la Dora et le Pô, aux pieds des belles collines dominant la rive droite de ce fleuve. — Capitale jusqu'en 1860 de ce royaume de Sardaigne qui fut le noyau de l'Italie reconstituée, Turin devint en 1861 la capitale du royaume d'Italie et le resta jusqu'en 1865, date du transfert de la capitale à Florence. Ayant fait ainsi à l'unité nationale le sacrifice de ses intérêts et s'étant condamnée par là volontairement à devenir une ville de province, Turin, loin d'y perdre matériellement, peut dire, au contraire, qu'elle y a gagné. Par son énergie et par son effort elle est devenue une des cités les plus industrielles du royaume et sa richesse s'est accrue au lieu de diminuer, ainsi qu'on aurait pu le craindre. Et aujourd'hui elle offre à ses visiteurs, « par ses usines, par son labeur constant, par l'élégance et la vitalité de ses rues, un spectacle de force et de prospérité. — Turin était donc digne, à tous les points de vue, de devenir le centre de la grande fête du travail à laquelle l'Italie convie le monde entier. »

Histoire.

D'origine celtique, Turin doit son nom primitif de *Taurasia* aux *Taurisci*, peuplade illyrique, qui en fit une ville importante et forte. Après avoir résisté aux Étrusques, les Taurisci furent obligés de se soumettre aux Romains, dont ils devinrent les alliés et qui changèrent leur nom en celui de *Taurini*. César fit de Turin une colonie romaine, appelée *Colonia Julia*, nom qui fut changé par Auguste en celui de *Colonia Augusta Taurinorum*. Après la chute de l'empire romain, Turin passa successivement sous la domination des Hérules, des Ostrogoths, des Lombards et des Francs. Charlemagne convertit le duché lombard en marquisat et en donna la possession au marquis de Suse, à la charge de défendre les frontières. Au xie s. le mariage d'Adélaïde, héritière des marquis de Suse, avec Othon, comte de Savoie, inaugura à Turin et dans le Piémont l'avènement de la famille de Savoie, qui, — après huit siècles de luttes et de généreux efforts, — a accompli l'unification de l'Italie.

Turin n'acquit d'importance que lorsque Amédée VIII, premier duc de Savoie, ayant réuni en 1118 tous ses domaines en deçà et au delà des Alpes, prit le titre de prince du Piémont, fixa sa résidence à Turin et en fit la capitale de ses États. — En 1536 le duc Charles III ayant refusé le passage par ses États au roi de France François Ier, — qui poursuivait Charles-Quint, repoussé de la Provence, — une armée française descendit dans le Piémont et s'empara de Turin, qui resta à la France jusqu'en 1557, lorsque, après la mémorable victoire remportée à Saint-Quentin par le duc Emmanuel-Philibert sur les troupes de Charles IX, roi de France, celui-ci fut obligé de rendre Turin au duc, qui s'empressa de le fortifier et qui en fit construire la citadelle, ce qui n'empêcha pas le comte d'Harcourt, envoyé en 1630 par Richelieu en Italie, de reprendre la ville, après quatre mois et demi de siège.

Dans la seconde moitié du xviie s., le duc Charles-Emmanuel II centralisa l'administration de son duché et jeta à Turin les plans de ces monuments, qui annonçaient la capitale d'un État réservé à de plus hautes destinées. — Victor-Amédée II, qui lui succéda en 1675, fut le fondateur de la monarchie sarde ; alternativement allié et adversaire de la France, il se voit enlever par les troupes du duc de la Feuillade la Savoie et une partie du Piémont. Mais, en 1706, il rentre, grâce au concours de l'armée du prince Eugène, dans Turin qu'assiégeaient en vain, depuis quatre mois (12 mai-7 septembre), les Français commandés par les maréchaux de la Feuillade et Marsin. Philippe V, roi d'Espagne, cède à Victor-Amédée la Sicile et le duc prend solennellement le titre de roi de Sicile, mais Alberoni lui enlève cette île. Victor-Amédée s'allie alors à l'Empire, à la France et à l'Angleterre contre l'Espagne et reçoit le *royaume de Sardaigne*, en échange de la Sicile (1720).

Lorsque la révolution de 1789 éclata, un grand nombre d'émigrés, et avec eux les frères de Louis XVI, se réfugièrent à Turin. Encouragé par les coalitions formidables préparées contre la France, le roi Victor-Amédée III prit l'offensive (1793), soutenu mollement par l'Autriche. La guerre marche d'abord avec timidité et lenteur, mais, en 1796, Bonaparte force rapidement le passage des Apennins, sépare les troupes sardes de l'armée autrichienne et oblige le roi de Sardaigne à capituler. Victor-Amédée, dont les derniers jours finissent dans la tristesse et l'humiliation, meurt en 1796 et Charles-Emmanuel IV, qui lui succède, est forcé, en 1798, par le général Joubert, qui occupe militairement Turin, d'abdiquer et de se retirer en Sardaigne. L'armée austro-russe reprit momentanément Turin en 1799, mais, après la bataille de Marengo, le Piémont fut annexé à la France et divisé en six départements (la Doire, le Pô, la Sésia, Marengo, le Tanaro, la Stura) et Turin, démantelé, ne fut plus que le chef-lieu de celui du Pô. Victor-Emmanuel I y rentra le

Cliché Photoglob Co, Zurich.

Turin et le Mont des Capucins.

20 mai 1814. Par le traité de Paris il recouvrit la Savoie, le comté de Nice, le Montferrat, le Piémont et toute cette partie de la Lombardie qu'avaient acquise Victor-Amédée III et son fils Charles-Emmanuel; le congrès de Vienne y ajouta Gênes et son territoire.

Dès 1820, grâce au travail des sociétés secrètes, commence le mouvement en faveur des réformes libérales, qui s'accentue sous le règne de Charles-Félix (1821-1831) et sous celui de Charles-Albert, dont le gouvernement, d'abord autoritaire, changea de tournure en 1846; la pensée d'une constitution libérale et l'idéal d'une Patrie italienne formèrent désormais une force irrésistible et le roi, — qui accorda la Charte (*Statuto*) le 4 mars 1848, — annonçait le 23 du même mois la déclaration de guerre à l'Autriche pour l'indépendance de l'Italie. Vainqueur d'abord, vaincu ensuite, Charles-Albert, battu le 23 mars 1849 à Novare, abdiquait en faveur de son fils Victor-Emmanuel et allait mourir, exilé volontaire, à Oporto.

C'est à Victor-Emmanuel II (1849-1878) qu'il était donné de réaliser le vœu national: grâce à la finesse politique de son ministre, le comte de Cavour, et grâce au concours de l'armée française, l'Autriche était vaincue; en 1861 le royaume d'Italie était proclamé et Turin en était la première capitale (de 1861 à la fin de 1864).

Lorsque les pouvoirs de l'État eurent transporté leur siège à Florence, Turin, loin de tomber en décadence, s'adonna à l'industrie et au commerce et, travaillant, elle prospéra de plus en plus : en 1861, comme capitale du Royaume, elle comptait environ 200,000 habitants, aujourd'hui elle est bien près d'en avoir 400,000.

Turin a vu naître : le marquis *de Montglas*, auteur de Mémoires précieux († 1675); *Marie-Adélaïde de Savoie*, duchesse de Bourgogne († 1712); le maréchal *de Villars* († 1734); le célèbre mathématicien *Lagrange* († 1813); le comte *C. Balbo* († 1853), historien et homme d'État; le comte *C. de Cavour* († 1861), le ministre de Victor-Emmanuel II; le baron *Marocchetti* († 1867), sculpteur; le chevalier *Massimo d'Azeglio* († 1868), peintre, écrivain, soldat et homme d'État; etc.

ITINÉRAIRE. — De la gare, on traverse le *corso Vitt.-Emanuele II* (en face de la gare, *statue de Massimo d'Azeglio*, Pl. 49), puis la **place Carlo-Felice** (square avec jet d'eau), entourée de constructions à arcades.

(A dr., sur la petite *place Lagrange* (Pl. 50), *statue* du mathématicien de ce nom; et, de l'autre côté, sur la petite *place Paleocapa* (Pl. 51), *statue* du ministre et ingénieur de ce nom.)

A l'extrémité de la place Carlo-Felice on suit la **rue Roma**, qui aboutit à la place du Château, après avoir traversé la **place San Carlo** (Pl. D, 5), la plus belle et la plus régulière de Turin : à l'E. et à l'O., deux palais avec portiques à arcades; au S., *églises de Saint-Charles* et *de Sainte-Christine*; au centre, belle **statue équestre** en bronze **d'Emmanuel Philibert** († 1580; Pl. 36), par *Marocchetti*.

La **place Castello** (*du Château*; Pl. E, 5) est longue de 225 m., large de 166. Au centre, le **palais Madama**, ou **Château** (Pl. 27), renferme quelques restes de constructions romaines (sous le vestibule O., vestiges d'une porte de l'enceinte, du temps d'Auguste). Bâti au XIIIe s. par Guillaume, marquis de Montferrat, agrandi en 1416 par le prince Ludovic d'Acaie, il servit, au commencement du XVIIIe s., d'habitation à Madame Royale (Marie-Jeanne-Baptiste de Nemours, veuve de Charles-Emmanuel II, duc de Savoie) : de là son nom de palais Madame. C'est par son ordre qu'en 1718 *Juvara* éleva la façade vers l'ouest et construisit le grand escalier.

A l'intérieur, dans l'ancien appartement de la Régente, salon à dorures, assez bien conservé, du XVIIIe s., orné de panneaux décoratifs.

Devant la façade O., *monument* (par *Vela*) élevé en 1859 par les Milanais *à l'Armée sarde* et, devant le côté S., *statue de Galileo Ferraris* († 1897), l'inventeur du champ magnétique tournant.

Au N., une grille, flanquée des *statues* équestres en bronze *de Castor et Pollux*, sépare la place du Château de la *place Reale*. En

Cliché Brogi.

Palais Madama.

deçà de la grille, à g., *l'église San Lorenzo* (Saint-Laurent; Pl. 14) a une coupole d'architecture assez bizarre (1687). Au delà de la grille s'élève le palais Royal.

Le **Palais Royal** (*palazzo Reale*; Pl. E, 4: visible tous les jours de 9 à 5 h. en s'adressant au gardien du portail, un valet accompagne pour la visite des appartements), date du XVIIe s.: le bâtiment qui ferme à g. la place Reale porte le nom de *palais Chiablese* et sert de résidence au duc de Gênes; le bâtiment à dr. renferme au rez-de-chaussée la Bibliothèque du Roi et, à l'étage supérieur, le Musée Royal des Armures, les Archives d'Etat et des bureaux.

L'intérieur du palais est d'une richesse et d'une élégance vraiment royales. L'**escalier**, restauré en 1865, orné de statues de princes de la maison de Savoie et de tableaux historiques, est d'une grande magnificence; il conduit à la *Salle des Suisses*, d'où l'on passe dans les autres pièces (à remarquer la *Salle du Trône*, le *cabinet Chinois*, avec plafond peint par *Beaumont*, le *cabinet des Miniatures* et l'*appartement de la Reine*).

Le **Musée Royal des Armures** (*Armeria Reale*; entrée sous les arcades à dr. en deçà de la grille de la cour d'honneur; tous les jours de 11 à 3 h.; prendre un billet d'entrée, gratuit, à l'entresol), est une magnifique collection due au roi Charles-Albert; elle est par sa variété et sa richesse, ainsi que par le nombre et la valeur des armures et des armes, l'une des plus complètes et, assurément, des plus intéressantes de l'Europe.

Salle d'entrée. — De dr. à g. : armes de l'Inde, de l'Océanie, de l'Afrique occidentale et de l'Amérique du Sud; armes orientales; trophées de guerre; vitr. 46 : souvenirs de Victor-Emmanuel II; vitr. 44 : (G. 311) sabre de Tippo Saëb, dernier nabab de Maïssour (✝ 1799) : armes et armures abyssines, japonaises; loggia d'où le roi Charles-Albert proclama la guerre pour l'Indépendance italienne, nuit du 25 au 26 mars 1848; vitr. 51 : souvenirs de Charles-Albert. — Au centre, vitr. 60 : armes et harnais de chasse de Victor-Emmanuel II; vitr. 59 : (G. 376) épée de Napoléon Ier; *statuette équestre de Napoléon Ier*, par *Marocchetti*; sur la vitr. 66 : hausse en bois graduée, fabriquée par Bonaparte, officier d'artillerie; vitr. 59 : armes et souvenirs du roi Humbert Ier.

Galerie Beaumont. — A dr. et à g., belles **armures équestres** : fen. 11 (la 1re à dr.), armure du cardinal Ascanio Maria Sforza-Visconti (fin du xve s.); fen 5 (la 4e à dr.), armure du xvie s. et, fen. 10 (la 2e à g.), armure du duc Emmanuel-Philibert, fabriquées par les frères *Negroli* de Milan.

De dr. à g. : — Vitr. 30 : (G. 79 bis) épée, œuvre de *Donatello*. (D. 31) partie d'une barde de cheval (beau travail du xvie s.). — Vitr. 26 et 21 : épées italiennes, espagnoles et allemandes des xvie et xviie s.; H. 7 et H. 7 bis, deux belles langues de bœuf. — Vitr. 22 : (G. 127) épée, attribuée par erreur à *Benvenuto Cellini*; (E. 1) **casque du XIIIe s.**, très rare; (F. 6) belle rondache ciselée. — Vitrine 20 : casque et cuirasse. — Vitr. 11 : poignards, des xvie, xviie et xviiie s. (à remarquer C. 16 et E. 24). — Vitr. 1 : armes dagues, stylets, couteaux des xve, xvie et xviie s. — Vitr. 12 : armes de luxe des premiers princes de la maison de Savoie. — Vitr. 5 : (G. 25) épée du xiiie s. dite épée de saint Maurice. — (A. 89) Bélier d'une galère romaine trouvée dans le port de Gênes en 1597. — Vitr. 8 : armes préhistoriques. — Vitr. 11 : armes et objets divers de bronze et de fer; (A. 11) casque étrusque. — Vitr. 13 : armes de luxe du xvie s.; (E. 32) casque ciselé : Jupiter foudroyant les Titans. — Au-dessus de la vitr. 19 : (E. 50) bourguignotte du xvie s. — Vitr. 35 : armes à feu. — Vitr. 37 : armures de parade du xvie s. — Vitr. 39 : (N. 10) mousquet, pièce rare du commenc. du xviie s.

Au 2e étage, **Bibliothèque du Roi** (50.000 vol.; 2,000 manuscrits; 2,000 dessins d'anciens maîtres italiens).

Contigu au palais, le *Jardin Royal* (*Giardino Reale*, ouvert dim. et fêtes, en l'absence du roi, du 1er juillet au 30 sept. de midi à 5 h.; entrée sous les arcades de la place du Château à dr. de la grille) est orné d'une *statue de Ferruccio* au combat de Gavinana (xvie s.). — Au N.-O. du jardin, restes d'un théâtre romain.

QUARTIER AU SUD DE LA PLACE CASTELLO

Au S. de la place du Château, et parallèle à la rue Roma, la *rue dell' Accademia delle Scienze* conduit à la **place Carignano** (*statue du philosophe Gioberti*, Pl. 47) ; à l'O., *théâtre Carignan* (Pl. 31); à l'E., **palais Carignan** (Pl. 26), du xviie s. (façade du xviie s., avec inscriptions commémoratives de la naissance de Victor-Emmanuel, de la proclamation de Rome capitale de l'Italie, de la naissance de

Charles-Albert, renfermant le **Musée d'histoire naturelle** (entrée au fond de la cour, à dr., t. l. j., sauf le lundi, de 1 h. à 4 h.) et la grande salle des séances de la Chambre des Députés du royaume de Sardaigne (1848-1860).

L'**Académie des Sciences** (Pl. 24; entrée des musées, rue dell' Accademia, 4) occupe un palais bâti par *Guarini* en 1678, destiné primitivement à un collège de jésuites et renfermant le Musée d'Antiquités et la Pinacothèque.

Cliché Brogi.

Palais Royal.

Musée d'antiquités (t. l. j., de 9 à 4 h., 1 fr., gratuit le dim., de 1 à 4 h.). — **Le Musée d'antiquités égyptiennes** est, avec ceux de Gizéh, de Berlin, de Paris, de Londres et de Leyde, au premier rang des collections égyptiennes. Il est formé de l'ancienne collection Drovetti, acquise par le roi Charles-Félix en 1823 et de l'importante collection réunie (1903-1910) par la commission archéologique italienne, qui explora récemment l'Egypte sous les auspices du roi Victor-Emmanuel III. Ces nouvelles acquisitions, qui augmentèrent considérablement le nombre des statues, des momies (quelques-unes remontent à l'époque préhistorique), des sarcophages et des tombeaux, ont été classées avec les anciennes, en suivant rigoureusement l'ordre chronologique. Chaque vitrine, de même que chaque objet de quelque importance, sont munis d'écriteaux explicatifs.

Rez-de-chaussée. — SALLE DE THOUTMÈS III : statue de *Thoutmès III*, de *Horhemheb*, grands sarcophages en granit, etc.

SALLE DE RAMSÈS II : **statue colossale de Séti II** (grès rouge) ; statue de *Thoutmès I*, d'*Aménophis III*; **statue de Ramsès II** (basalte noir) ; statue du dieu *Ptah* (diorite) ; *autel cylindrique* en diorite; **tête** colossale (en grès peint) d'un Pharaon avec le double diadème de la Haute et de la Basse Egypte (35 s. av. J.-C.).

Salle d'antiquités grecques et romaines : bustes d'empereurs romains, statues, statuettes, stèles, inscriptions, autels, mosaïques (Orphée jouant de la lyre et entouré d'animaux).

1er étage. — Salle I (à dr. de la salle d'entrée) : antiquités égyptiennes classées chronologiquement, de dr. à g. : *statue d'une princesse* (diorite) de la IIIe dyn.; très belles **statuettes en bois** : servante portant des provisions à la tombe (Ve dyn.), Mema (IVe ou Ve dyn.), etc.; encadrement de la porte d'un tombeau du temps de Ramsès II; bas-reliefs, stèles.

Salle II (salle d'entrée) : momies et objets funéraires; papyrus (*Livre des Morts*); statuettes; caisses à momies (à g., près de la 4e fen., fragment d'une **caisse** en bois incrustée de mosaïques); sarcophage en bois de la XIIe dyn. (24 s. av. J.-C.).

Salle III (à g. de la salle II) : momies préhistoriques et autres, antérieures à la XIe dyn.; momie de la princesse *Aohmerit*; joli tombeau peint de *Mai*; superbe et intact **tombeau de l'ingénieur Rha et de sa femme Mirit** (*extrêmement intéressant*); papyrus historiques, des Rois, etc.; vases, étoffes, armes, objets de toilette, bijoux.

Salle des Dieux (à g. de la salle III) : 16 statuettes des Divinités égyptiennes, scarabées, tables d'offrandes; devant la fen., Table isiaque (monument sans intérêt du style égyptisant de l'époque d'Adrien).

Salle préromaine (à dr. de la précédente) et, à la suite, Salle d'antiquités romaines de la province de Turin : Faune en bronze, Pallas en bronze.

Salle à g. de la salle des Dieux : antiquités égyptiennes de la période chrétienne arabe; bronzes et vases italo-grecs; monnaies; petite collection ethnographique.

2e étage. — **Pinacothèque** (t. l. j., de 9 h. à 4 h.; 1 fr.; gratuite le dim. de 1 h. à 4 h.; bon catalogue illustré, 4 fr.), riche collection de peintures notamment des écoles des Pays-Bas, fondée par Charles-Albert en 1833.

Salle I (portraits des princes de la maison de Savoie). — De g. à dr., 3. *J. Clouet* (attribué). Charles III, duc de Savoie. — 2. *Fr. Clouet*. Marguerite de Valois. — 1. *Horace Vernet*. Charles-Albert, roi de Sardaigne. — 17. **Van Dyck. Le prince Thomas de Savoie-Carignan** [magnifique portrait peint à Bruxelles en 1634]. — 12. *N. Mignard*. Françoise d'Orléans, première épouse de Charles-Emmanuel II. — 9. *P. Mignard*. Marie-Jeanne

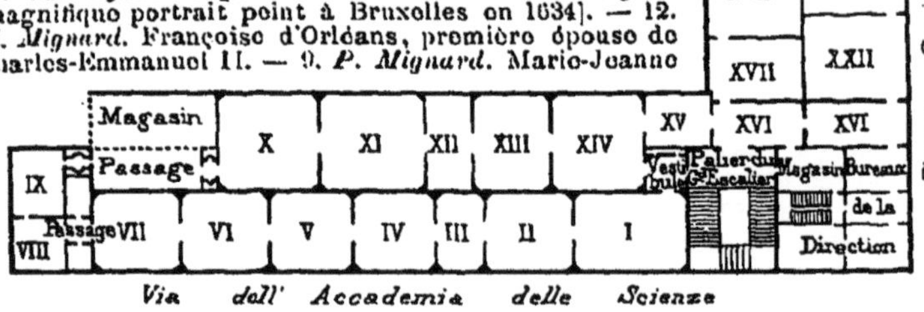

de Savoie-Nemours, deuxième femme du même duc de Savoie.

Salle II (éc. du Piémont et du Montferrat, XIVe-XVIe s.). — De dr. à g. : 21. *Barnaba da Modena*. Madone (1370). — 26. *Macrino d'Alba*. La V., l'Enf. J., des anges et 4 saints (son chef-d'œuvre). — 27. *Gandolfino di Roreto*. Assomption : Saints et Saintes (triptyque). — 29 bis. *Mart. Spanzotti*. Madone. — 35. *Defendente Ferrari*. Mariage de Ste Catherine; 36. Madone. Ste Barbe et St Georges (triptyque). — 39. *Giovenone*. Madone, Saints et les Donataires.

Salle III (dite salle Ferrari). — 48. *Gaudenzio Ferrari*. Joachim chassé du Temple; 49. Madone, Saints et Anges faisant de la musique; 50. Crucifiement; 51. Déposition de croix.

Salle IV (éc. piémontaise antérieure au xvie s.). — 56. **Le Sodoma** (*Bazzi*). Ste Famille; 59. **Mort de Lucrèce**; 63. **Madone et 4 Saints et Saintes** (à remarquer, Ste Catherine).

Salle V (éc. piémontaise du xvie s.). — 71. *Le Moncalvo*. St François d'Assise en extase. — 85. *Van Loo*. Tête de chérubin.

Salle VI (éc. toscane). — 103, 104. *Fra Angelico*. Anges en adoration. — 106. *Botticelli* (?). Allégorie; 110. Madone. — 112. *Franciabigio*. Annonciation. — 114. *Bugiardini*. Ste Famille. — 115. *Lor. di Credi*. Madone et l'Enf. J. — 117. *Antonio* et *Piero Pollajuolo*. Tobie et l'archange Raphaël. — 122. *Bronzino*. Eléonore de Tolède, femme de Cosme I; 123. Cosme I de Médicis. — 126. *Daniel da Volterra*. St Jean-Baptiste décapité.

Salle VII (éc. italienne de la Renaissance). — 134. *Borgognone*. Prédication de St Pierre; 135. Madone. — 138. *Gian Pietrino*. Jésus portant la croix; 140. Pierre Martyr et Ste Catherine. — 141. *Timoteo Viti*. Madone. — 139. *Sogliani*. Madone. — 146. *Raphaël*. Madone de la Tenda. — 148. *Penni* (*il Fattore*). Mise au tombeau (excellente copie d'après Raphaël). — 149. *Giulio Clovio*. Le Saint-Suaire; 150. Quatre scènes de la Passion. — 153. *Le Garofalo*. Jésus et les Docteurs. — 155. *Francia*. Mise au tombeau. — 157. *Bellini* (?). Madone. — 161. *Titien*. St Jérôme. — 164. *Mantegna*. La V., l'Enf. J. et 6 Saints (fortement repeint).

Salle VIII (Cabinet). — 167. *Desiderio da Settignano* (autrefois attribué à Donatello). Madone (bas-relief). — 167 *bis*. Pierre tombale de 1382. — 168. *Andr. della Robbia*. La V. et St Jean-Baptiste adorant l'Enf. (terre cuite). — Emaux sur porcelaine, copies de maîtres italiens par *A. Constantin*.

Salle IX. — Gravures par *Marcantonio Raimondi*, etc.

Salle X (éc. flamande). — 187. **J. van Eyck. St François recevant les stigmates**. — 188. *P. Cristus*. Madone. — 189. *Roger van der Weyden*. Visitation; 190. Le Donataire. — 192. *Maître des demi-figures* (xvie s.). Le Calvaire (triptyque). — 191. *B. van Orley*. Un roi de France guérissant les écrouelles. — 197. *B. Spranger*. Jugement dernier. — 202. **Memling. La Passion** (un de ses chefs-d'œuvre). — 218. *D. Teniers*. Sa femme et son fils. — 223. *Sallaert*. Procession à Bruxelles. — 231. *D. Teniers*. Musiciens dans une auberge.

Salle XI. — 251. *G. Witte*. Masures. — 260. *D. Teniers*. Joueur de vielle; 261. Joueurs de cartes. — 262. **Van Dyck.** Six têtes d'enfants; 251. **Trois enfants de Charles Ier**, roi d'Angleterre (1635). — 265. *D. Teniers*. Intérieur de taverne. — 274. **Rubens. Apothéose de Henri IV** (esquisse). — 272. *Van Dyck*. St Sébastien; 279. Isabelle-Claire-Eugénie, fille de Philippe II, gouvernante des Pays-Bas; 288. Ste Famille. — 292. *J. Fyt*. Gibier et fruits. — 300. *Van Dyck*. Renaud et Armide.

Salle XII. — 303. **Holbein le jeune. Erasme**. — 313 et 318. *Ang. Kaufmann*. Sibylles. — 315. *G. Netscher*. Rémouleur ambulant. — 320. **Velazquez. Philippe IV**. — 322. *Ribera*. St Jérôme; 326. St Paul anachorète.

Salle XIII. — 330. *Poussin*. Ste Marguerite, martyre. — 332. *Lagneau*. Ⓟ de jeune garçon. — 334. *Coypel*. Van Loo (pastel). — 338. *Mignard*. Ⓟ équestre de Louis XIV. — 343. *Claude Gelée* dit *le Lorrain*. L'Aurore; 316. Coucher de soleil. — 352. *Le Bourguignon*. Bataille entre les Hongrois et les Turcs. — 360. *Mme Vigée-Lebrun*. La Fille du graveur Porporati

Salle XIV. — 362. *Engelbrechtszen*. Triptyque (la Passion). — 364. *Ravenstein*. Une dame; 365. Un gentilhomme. — 375. **G. Dou. Un Géographe**; 377. **Jeune Hollandaise à la fenêtre**. — 379. *Mieris*. Son portrait. — 380. *G. Dou*. Bulles de savon. — 384. *Musscher*. Vieille dame. — 392. *Fabritius*. Abraham renvoie Agar. — 393. **Rembrandt. Vieillard endormi**. — 402. *Wouwermans*. Combat de cavalerie; 404. Marché aux chevaux. — 405. *P. Potter*. Taureaux. — 408. *Wouwermans*. Choc de cavalerie. — 412. *Saenredam*. Intérieur d'une synagogue. — 419, 420. *D. Heem*. Fleurs et fruits.

Salle XV. — 430. *J. Both*. Voyageurs en forêt. — 433. *Griffier*. Environs de Londres; 437. Vue de Londres. — 441. *J. Ruysdael*. Paysage.

Salle XVI. — 462. *Caravaggio*. St Jean l'Evangéliste. — 474, 482. *Sasso-*

ferrato. Madones. — 478. *C. Dolci*. Madone. — 479. *Maratta*. L'Archange Gabriel. — 481. *Battoni*. Madone.

SALLE XVII. — 491. *Guercino* (*Barbieri*). Ste Françoise Romaine. — 489, 495, 500, 509. *Fr. Albani*. Les Éléments (à remarquer 495, l'Eau). — 497. L'Enfant prodigue. — 502. *G. Reni*. Ste Agnès.

SALLE XVIII. — 531. *Guercino* (*Barbieri*). Ecce homo. — 548. *B. Strozzi* 556. Homère. — *Salv. Rosa*. Baptême du Christ.

SALLE XIX. — 564. **Paul Véronèse**. Danaé; 572. **La Reine de Saba et Salomon**. — 567. *Ant. Badile* (le maître du Véronèse). Marie présentée au Temple.

SALLE XX. — 580. **P. Véronèse. Le Repas chez Simon**. — 281. *Bassano*. Un marché. — 582. *Bellotto*. Vieux pont sur le Pô à Turin; 585. Vue de Turin. — 588. *Tiepolo*. L'Ordre des Capucins triomphant de l'hérésie. — 590. *Canaletto*. Le Palais Ducal à Venise. — 591. *Tiepolo*. Triomphe d'Aurélien.

SALLE XXI. — Batailles livrées par des princes de la maison de Savoie (la plupart sont de l'œuvre de *Huchtenburg*).

La place Carignano est séparée par le palais Carignan de la **place Carlo Alberto**, qui s'étend devant la façade moderne du palais Carignan. — Au milieu, **monument**, en bronze, **du roi Charles-Albert** (Pl. 37), par *Marocchetti* (1861). — La *galerie de l'Industrie subalpine* (1875) fait communiquer cette place avec celle du Château.

Au N.-O. de la place du Château, et contiguë au Palais-Royal, est la **cathédrale Saint-Jean-Baptiste** (*San Giovanni Battista*; Pl. 1), construite à la fin du XVe s. par le Florentin *Meo del Caprina*.

Dans la chap. formant le transept dr., statues en marbre de Ste Thérèse et de Ste Christine, par le sculpteur français *Legros*. — Sacristie : tombeau de l'archevêque *Claude de Seyssel*, par *M. Sammicheli* (XVIe s.); on y montre le fac-similé du Saint-Suaire (V. ci-dessous). — A dr. du maître-autel, grande porte vitrée avec grille (ouverte le matin seulement) et escalier monumental montant à la **chapelle du Saint-Suaire** (*del Santo Sudario*, ou *della Sacra Sindone*), bâtie dans un style étrange par le *P. Guarini*, de l'ordre des Théatins. La coupole, d'une construction hardie, est haute de 55 m. Sur l'autel, une châsse renferme la *relique du Saint-Suaire*. Le roi Charles-Albert, en 1842, a fait élever dans cette chapelle les monuments en marbre blanc d'Emmanuel-Philibert, par *Marchesi*; du prince Thomas de Carignan († 1656), tige de la famille régnante, par *Gaggini*; de Charles-Emmanuel II, par *Fraccaroli*; d'Amédée VIII, par *Cacciatori*.

En face de la cathédrale, la *rue della Basilica* et, à dr., la *rue Porta Palatina*, conduisent à la **Porta Palatina** (Pl. 56), porte romaine (la « porta principalis dextera » de l'enceinte d'Auguste), remarquable par ses quatre passages (entre deux tours polygonales, particularité fort rare dans les constructions de ce genre et de cette époque).

Au S.-E. de la place du Château commence la **rue du Pô** (*via di Po*), longue de 782 m. et bordée d'arcades, qui conduit au fleuve. A g., n° 17, *Université* (Pl. 28; dans la cour, *statues de Victor-Amédée II, de Charles-Emmanuel III*, etc.), renfermant la *Bibliothèque nationale et universitaire* (env. 320,000 vol., 4,500 manuscrits et 2,000 incunables).

A dr. de la rue du Pô, la *rue dell' Accademia Albertina* passe (à dr.) devant l'**Accademia Albertina** (*Académie Albertine des Beaux-Arts*, Pl. 23; t. l. j. de 10 à 4 h., s'adresser au portier; pourboire).

L'intéressante collection de peintures renferme entre autres œuvres remarquables une Madone de *Giotto*, une Madone (dite la Madone du voile) de *Raphaël*, une Sainte Famille d'*Andrea del Sarto*, trois Apôtres de *Gaudenzio Ferrari*; des œuvres des primitifs piémontais : *Macrino d'Alba*, *Defendente Ferrari*, etc.; une Madone et un Rédempteur, de *Quentin Massys*, une figure nue de l'Anglais *Ett*, etc., ainsi qu'une riche collection de cartons de maîtres (*Léonard de Vinci*, *Gaudenzio Ferrari*, etc.).

Plus loin, la rue dell' Accademia Albertina débouche sur la *place Carlo-Emanuele II*, sur laquelle on a érigé le *monument de Cavour*, par *Dupré* (1873).

A g. de la rue du Pô, dans la *rue Montebello*, la **Mole Antonelliana** (Pl. 29), ou *Souvenir national de Victor-Emmanuel II*, bâtie de 1863 à 1890 sur les plans d'*Alex. Antonelli* († 1888), renferme une grande salle centrale, que surmonte une *coupole* gigantesque, avec galeries à colonnes et clocheton portant une étoile en bronze doré (haut. totale, 170 m.; on peut y monter t. l. j. de 9 à 5 h., 50 c.; des balcons de la flèche, *panorama étendu*). On y a installé le *Musée National de Souvenirs patriotiques*.

A quelques pas de cet édifice, dans la *rue Gaudenzio Ferrari*, est la 1re section (*Art ancien*) du **Musée Civique** (*Museo Civico*; Pl. 25; t. l. j. de 9 h. à 4 h.; 1 fr.; gratuit dim. et fêtes de midi à 4 h., mardi et jeudi, de 9 h. à 4 h.).

1er étage. — 1re SALLE : tableaux (*Honthorst*. Adoration des Rois; *Cignani*. la Charité; *Victors*. Rebecca à la fontaine; *Caliari*. Fête chez Cléopâtre; *Olivero*, Fête de St Pancrace; *Ant. Vicarini*, Couronnement de la Vierge; etc.). — 2e SALLE : **Missel** avec miniatures (XVe s.) : « Rotulla di gala » du duc d'Urbino, peinte par *Polidoro da Caravaggio* (1512). — 3e SALLE : instruments de musique (piano de 1630). — 4e SALLE : bois sculptés.

2e étage. — Collections se rapportant à l'histoire de l'art, depuis la période byzantine jusqu'à la fin du XVIIIe s. — 5e SALLE : médailles, plaquettes, armes, serrures, heurtoirs, chandeliers, etc. — 6e SALLE : verres de Venise, de Limoges, etc. — 7e SALLE : collection peut-être unique de *verres englomisés* (plus de 100 pièces détaillant l'évolution de la peinture sur verre à travers les âges), léguée à la ville par le marquis Emm. d'Azeglio. — 8e SALLE : céramique étrangère (de Saxe, de Vienne, de Sèvres, de Berlin, etc.). — 9e SALLE : maïoliques italiennes. — 10e SALLE : sculptures, entre autres 6 *bas-reliefs* en marbre par *le Bambaja*, destinés au tombeau de Gaston de Foix, duc de Nemours, commandant de l'armée française à la bataille de Ravenne, où il trouva la mort (1512). — 11e SALLE : étoffes disposées par ordre chronologique du XIVe au XVIIIe s.; costumes, broderies. — 12e SALLE : broderies en soie.

On redescend au 1er étage. — 13e SALLE : tapisseries. — 14e SALLE : boiseries (magnifique **chœur**, en bois sculpté, provenant de l'ancienne abbaye de Staffarda près de Saluces, œuvre admirable d'artistes français du XVIe s.). — 16e SALLE : boiseries. — 17e SALLE : tapis; meubles.

Rez-de-chaussée. — Sculptures antiques et du moyen âge (sarcophages d'Odilon de Morcœur, du XIIe s.; de Beggiano, du XVe s.; tombeau du seigneur de Trofarello, dans le style de la Renaissance); terres cuites; gondole royale de 1730, etc.

La rue du Pô aboutit à la *place Vittorio-Emanuele I* (Pl. F, 6), qui elle-même aboutit au grand **pont du Pô**, ou **pont Vittorio-Emanuele**, beau monument du temps de la domination française (1810). Sur les collines en amphithéâtre de la rive dr., on voit : à dr. (S.)

la coupole octogone de l'église du couvent des Capucins (*V.* ci-dessous) et plusieurs belles villas; en face du pont, au pied des collines, l'*église de la Gran Madre di Dio* (la Mère de Dieu, Pl. 10), à coupole, bâtie en 1818, sur le modèle du Panthéon de Rome; à g., vers l'E., la *Vigne de la Reine*, ancienne demeure d'été d'Anne d'Orléans, épouse de Victor-Amédée II; plus loin, vers le N., sur une colline, la Superga (*V.* p. 25).

De la place Vitt.-Emanuele, la *via Lungo Po* et le *corso Cairoli* (*monument de Garibaldi*, Pl. 40, par *Tabacchi*, 1887), qui longent la rive g. du fleuve, conduisent au jardin public du Valentino, en deçà duquel le corso Vitt.-Emanuele II franchit le *pont Umberto I* et se prolonge sur la colline, jusqu'au *monument commémoratif de la guerre de Crimée* (1855-1856), par *Belli*.

Le vaste **jardin public du Valentino** (Pl. E, 7-8), dans lequel se trouve, en 1911, une partie des édifices de l'Exposition (*V.* p. 29) et qui offre de jolies perspectives sur le fleuve et les collines, renferme, en allant du N. au S. : — le *jardin botanique*; — le **château du Valentino**, maison de plaisance construite par Christine de France, veuve de Victor-Amédée Ier et fille de Henri IV, et affectée à l'*Ecole Polytechnique* (dans la cour, *monument de Q. Sella*, homme d'Etat et savant, † 1884); — un café-restaurant: — le **monument** équestre **du duc Amédée d'Aoste**, roi d'Espagne († 1875), belle œuvre de *Calandra*; — le **bourg moyen âge** (entrée gratuite), reconstitution intéressante de la vie féodale et de l'art du xve s. en Piémont, par *d'Andrade* et *Brayda*, avec le *restaurant de San Giorgio*, quelques boutiques de forgerons d'art et dominé par son **château** (entrée, t. l. j. de 9 à 12 h. et de 2 à 6 h., de mai à fin sept.; de 10 h. à 5 h. d'oct. à fin avril; 1 fr. en semaine, 50 c. les dim. et fêtes), reproduction fidèle d'un château fort médiéval; — une *fontaine* monumentale.

QUARTIER A L'OUEST DE LA PLACE CASTELLO

A l'O. du jardin, sur le *corso Massimo d'Azeglio*, se trouvent les *Instituts universitaires* (Faculté de Médecine, Chirurgie et Hygiène).

A l'O. de la place du Château, par la *rue Garibaldi*, on arrive à la *place del Palazzo di Città* (Pl. 43), où s'élève le *monument du comte Vert* (Amédée VI, † 1383), par *Pelagi*; sur le côté O., devant le portique du *Palazzo di Città* (Hôtel de Ville), sont les *statues du prince Eugène* († 1736), du *duc de Gênes* († 1855), et, sous le portique, celles du *roi Charles-Albert* († 1849) et du *roi Victor-Emmanuel II* († 1878).

Au 1er étage du palais se trouve la *Bibliothèque de la Ville*.

Près, et au N. de cette place, dans la *rue Milano*, l'*église San Domenico* (Pl. 7), du style ogival, a été récemment restaurée par *M. Brayda*; le chœur et les chapelles terminales ont repris leur aspect primitif et on a mis à découvert les fresques, de la fin du xive s., qui les décoraient.

En continuant à suivre vers l'O. la rue Garibaldi, on arrive à dr. à la *rue della Consolata*, qui traverse la *place Savoia* (Pl. 54), où un obélisque rappelle l'abolition de la juridiction ecclésiastique en 1850

TURIN

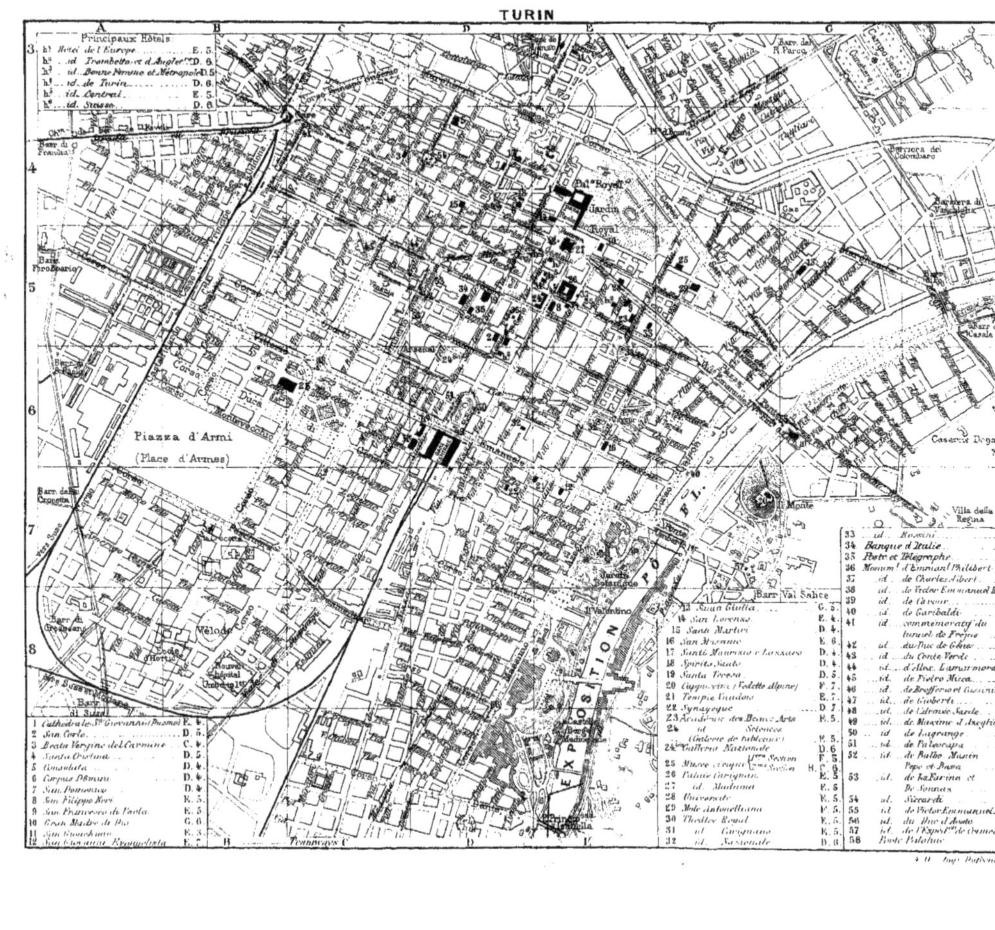

Principaux Hôtels:
h.1 Hôtel de l'Europe E. 5.
h.2 id. Trombetta et d'Angleterre D. 6.
h.3 id. Bonne Femme et Métropole D. 5
h.4 id. de Turin D. 6.
h.5 id. Central E. 5.
h.6 id. Suisse D. 6.
1 Cathédrale S.t Giovanni (Duomo) E. 4.
2 San Carlo D. 5.
3 Beata Vergine del Carmine C. 4.
4 Santa Cristina D. 5.
5 Consolata D. 4.
6 Corpus Domini D. 4.
7 San Domenico D. 4.
8 San Filippo Neri E. 5.
9 San Francesco di Paola E. 5.
10 Gran Madre di Dio G. 6.
13 Santa Giulia G. 5.
14 San Lorenzo E. 4.
15 Santi Martiri D. 4.
16 San Massimo E. 6.
17 Santi Maurizio e Lazzaro D. 4.
18 Spirito Santo D. 4.
19 Santa Teresa D. 5.
20 Cappuccini (Vedette alpine) F. 7.
21 Temple Vaudois E. 7.
22 Synagogue D. 7.
23 Académie des Beaux-Arts E. 5.
24 id. Sciences (Galerie de tableaux) E. 5.
24bis Galleria Nazionale D. 6
26 Palais Carignan E. 5
27 id. Madama E. 5
28 Université E. 5.
29 Mole Antonelliana F. 5.
30 Théâtre Royal E. 5.
31 id. Carignano E. 5.
32 id. Nazionale D. 6.
33 id. Rossini E. 3.
34 Banque d'Italie E. 5
35 Poste et Télégraphe E. 5.
36 Monum.t d'Emman.l Philibert D. 5.
37 id. de Charles Albert E. 5.
38 id. de Victor Emmanuel II C. 6.
39 id. de Cavour E. 6.
40 id. de Garibaldi F. 7.
41 id. commémoratif du tunnel de Fréjus C. 4.
42 id. du Duc de Gênes D. 5.
43 id. du Conte Verde D. 4.
44 id. d'Alex. Lamarmora D. 5.
45 id. de Pietro Micca C. 5
46 id. de Brofferio et Cassinis C. 4.
47 id. de Gioberti E. 5.
48 id. de l'Armée Sarde E. 5.
49 id. de Massimo d'Azeglio D. 6.
50 id. de Lagrange D. 6
51 id. de Paleocapa D. 6.
52 id. de Balbo, Manin, Pepe et Bava E. 6
53 id. de La Farina et De Sonnaz D. 5.
54 id. Siccardi D. 4.
55 id. de Victor Emmanuel I. G. 6.
56 id. du Duc d'Aoste D. 8.
57 id. de l'Expéd.on de Crimée F. 7.
58 Porte Palatine E. 4.
Piazza d'Armi
(Place d'Armes)
Pal.s Royal
Jardin Royal
Arsenal
Vélodr.
Nouvel Hôpital Umberto I.er
Barr. di Francia
Barr. Foro Boario
Barr. della Crocetta
Barr. di Orbassano
Barr. di Susa
Barr. Val Salice
Barriera del Colombaro
Barriera di Vanchiglia
Barr. di Casale
Barr. del R. Parco
Campo Santo
Caserne Dogali
Monte
Villa della Regina
Il Valentino
Jardin Botanique
Castello Borgo Medioevale
EXPOSITION
PÔ FL.
Tramways

et qui aboutit au **Sanctuaire de la Consolata** (Pl. 5), formé par trois églises (dont une, chapelle de N.-D. des Grâces, souterraine) d'aspects divers, datant du XVIIe et du XVIIIe s., agrandies et richement décorées au commenc. du XXe s. Le *clocher*, du IXe s., serait la plus ancienne construction médiévale existant à Turin.

La première église, ou *Sant'Andrea*, de forme ovale (à dr., chapelle de la Madone, très vénérée), conduit au *Sanctuaire* proprement dit *de la Consolata* : c'est un hexagone à chapelles s'ouvrant sur chaque côté ; à dr. du maître-autel, *statues des reines Marie-Thérèse et Marie-Adélaïde* (la mère et la femme du roi Victor-Emmanuel II), par *Vela*.

Près de l'église, à l'angle des rues de la Consolata et Giulio, on a découvert la base de l'une des *tours d'angle* de l'antique enceinte romaine.

Au S. de la rue Garibaldi, en face de la rue della Consolata, s'ouvre le *Jardin della Cittadella* (Pl. 40), orné des *statues de Brofferio, Sclopis* et *J.-B. Cassinis*.

Un peu plus au S., à la croisée de la rue della Cernaia et du corso Siccard, *statue de Pietro Micca*, l'héroïque mineur qui, le 30 août 1706, se fit sauter avec une partie du rempart, au moment où les Français allaient pénétrer dans la place. A l'O., le *square Pietro Micca* entoure le *donjon de l'ancienne citadelle*, où est installé le **Musée d'artillerie.**

Ce musée (t. l. j. de 10 h. à midi et de 2 h. à 4 h., dim. de 10 h. à midi ; s'adresser au gardien, ou « custode ») possède une intéressante collection d'armes préhistoriques de l'âge de la pierre et une riche et belle collection d'armes à feu du XIVe s. à nos jours (on remarquera les deux demi-coulevrines de Guidoubaldo della Rovere, chefs-d'œuvre du Vénitien *Alberghetti*; le « sacre » de François Ier, le « faucon » de Henri II, etc.).

La rue Garibaldi aboutit à l'O. à la *place dello Statuto* (Pl. C, 4), sur laquelle le *monument du Fréjus* rappelle le percement du tunnel du Fréjus (ou du Mont-Cenis).

Dans le quartier, tout moderne, qui s'étend au S. de la rue Garibaldi jusqu'à la place d'Armes et à la gare centrale, il nous reste à mentionner : la *place Solferino* (Pl. 42), avec le *monument équestre du duc de Gênes* (frère de Victor-Emmanuel II) par *Balzico*; et, au centre du carrefour formé par le croisement du *corso Siccardi* et du *corso Vittorio-Emanuele II*, le **monument de Victor-Emmanuel II**, par *Costa* (35 m. de haut., dont 9 m. pour la statue en bronze du roi).

Au S. de ce monument, au n° 30 du corso Siccardi, est la 2e section (*Art moderne*) du **Musée Civique** (Pl. 25 ; mêmes jours et heures que pour la 1re section, *V.* p. 22).

Dans cette section on a réuni, par ordre chronologique, les œuvres, sculptures et peintures, de maîtres du XIXe s., originaires presque tous d'Italie et surtout du Piémont.

Dans la salle d'entrée on remarque la tête de Sapho, par *Canova*; la Minerve, par *V. Vela* ; l'Eulalie chrétienne, par *Franceschi*. — Dans les autres salles, consacrées à la peinture, nous signalons : les Funérailles de Titien, par *Gamba*; la Mort d'Atala, par *Gastaldi* ; la Déposition du pape Sylvestre, par *Maccari*; Avril et le Repos, deux œuvres magistrales du maître paysagisto *Fontanesi*; la Femme de Claude, par *Mosso*: les Norines, par *Grosse*. — Parmi les maîtres étrangers, il faut citer le Norvégien *Normann* avec sa vue du Norrefjord.

ENVIRONS

1° Campo Santo (au N.-E.), vaste cimetière (1828) avec nombreux monuments d'Italiens illustres (Pellico, Massimo d'Azeglio, Balbo, Gioberti, etc.) et d'autres monuments sculptés par *Vela*, *Montecerde*, *Tabacchi*, *Costa*, etc.

2° Mont des Capucins (à l'E., sur la colline; funiculaire, 15 c. all. et ret.; à 15 min. des deux ponts du Pô : pont Vittorio-Emanuele et pont Umberto). — Près de l'église, dans une partie du couvent, sur la terrasse, est la *Vedetta Alpina* (observatoire et musée du Club Alpin Italien: ouverts lorsqu'on arbore un drapeau bleu à étoile blanche : 40 c.; télescope), d'où l'on a une **très belle vue** *sur les Alpes Occidentales* (Maritimes, Cotiennes, Graies et Pennines) depuis la pyramide du Viso au S.-O. jusqu'au delà du Mont-Rose vers le N.-E.

3° La Superga (8 k. 200 m. E., tram à vapeur et funiculaire; voitures directes de Turin, place Castello, à la Superga: 52 min. à 1 h.; 2 fr. 35, 1 fr. 70: **la plus intéressante excursion** des environs). — De la place Castello, un tram conduit, par la rue du Pô, la place Victor-Emmanuel et le pont du Pô à (30 min. env.) *Sassi*, à 223 m. d'alt., où commence le funiculaire (longueur de la ligne, 3,130 m.; 2 tunnels de 67 et de 61 m.). — La station terminale de *Superga* est à 642 m. d'alt.; à g., *restaurant*; à côté de la station, *Vedetta*, ou observatoire, avec télescope et plan indicateur (25 c.); **admirable panorama** sur la plaine du Piémont et le vaste cirque (env. 1,500 kil.) formé par les Apennins Liguriens et les Alpes, depuis le Viso (vers le S.) jusqu'au delà du massif du Mont-Rose (vers le N.; à la g. de celui-ci, extrémité de la pyramide du Cervin; le Mont-Blanc est masqué par le Grand-Paradis).

De la station on monte en 5 min. à la **Basilique** (678 m. d'alt.; visible t. l. j., sauf de midi à 2 h.; on sonne à la porte du bâtiment de g.; un laquais à la livrée du roi vous introduit), dédiée à la Vierge, bâtie, de 1717 à 1731, sur les plans de *Juvara*, surmontée d'une coupole et en forme de rotonde; de chaque côté un bâtiment surmonté d'une tour sert de résidence aux chanoines. — Dans la cour, derrière l'église, une salle renferme une intéressante collection des portraits des papes. Sous les arcades à g. un escalier descend à la crypte (en bas, statue de St Michel archange). La crypte renferme les *tombeaux des rois de Sardaigne*, dont ceux de Victor-Amédée II et de Charles-Emmanuel III (beau bas-relief de la bataille de Gustalla), du duc de Gênes (✝ 1855), de la duchesse d'Aoste (✝ 1876), etc. Au centre de la croix, tombeau du roi Charles-Albert (✝ 1849). — Près de l'église, *monument commémoratif du roi Humbert Ier*, par *Pozzi* (1902).

4° Sant' Antonio di Ranverso (16 k. E. *par Rivoli* : 12 k. tram en 35 min. de Turin à Rivoli, 80 c. et 55 c.; voiture 4 k. de Rivoli à Sant' Antonio; — 20 k. *par Rosta*: tram 19 k. en 35 min. de Turin à Rosta, 2 fr. 25, 1 fr. 55; voiture 1 k. de Rosta à Sant' Antonio), église de la fin du XIIe s., l'un des monuments les plus intéressants du moyen âge en Piémont.

L'église et l'abbaye ont été fondées en 1188 par Humbert III, le Bienheureux. Au commencement du XVe s. l'église subit quelques modifications et on pensa en embellir la façade par des ornementations en briques. — A l'intérieur, on remarquera, au maître-autel, le retable représentant la Nativité, belle œuvre de *Defendente Deferrari*; on y voit aussi des fresques intéressantes, surtout celles, très bien conservées, de la Sacristie.

5° La Sagra di San Michele (*Abbaye de Saint-Michel*; ch. de fer 28 k., en 40 à 45 min. de la gare de Porta Nuova, jusqu'à Sant' Ambrogio, d'où on 1 h.

à pied ou à mulet, à l'abbaye ; excursion très intéressante). — 28 k. de Turin à Sant' Ambrogio, station sur la ligne du Mont-Cenis. *V.* p. 4. — A Sant' Ambrogio commence le bon chemin qui monte à l'abbaye, située à 910 m. d'alt. au sommet du mont Pirchiriano.

La Sagra di San Michele doit son origine à un gentilhomme auvergnat, Hugon Marin de Montboissier, qui, en expiation de ses péchés, la fonda en 800. Le monastère, achevé vers l'an 1000, ne tarda pas à devenir l'un des plus riches et des plus renommés parmi ceux que possédaient les bénédictins. Enrichi par les donations des papes et des empereurs, il réunissait vers le milieu du XIVe siècle plus de trois cents moines et plus de cent soixant. abbayes et églises relevaient de l'abbé de San Michele, qui les gouvernait.

L'édifice, de style roman et participant par son architecture, de l'église et du château fort, a été déclaré monument national et il a déjà été beaucoup fait pour en éviter la ruine : un projet de restauration a été étudié et ne doit pas tarder à être mis en exécution.

Dans l'*église*, à laquelle on arrive par un escalier de construction bizarre, se trouvent les tombeaux de quelques princes de la maison de Savoie, que le roi Charles-Albert y fit transporter.

Au retour, on pourrait, soit par le sentier de *la Chiusa*, un peu long mais pittoresque ; soit par celui, aussi long mais le plus commode, qui conduit à la station de Giaveno, d'où l'on se rend, par le tram, en 1 h. 30 à Turin.

6° Pianezza (12 k. : [illegible] à vapeur de la place Emanuele-Filiberto), dans une belle situation sur la rive g. de la Doire, possède une très intéressante vieille église : *San Pietro*, toute ornée de fresques qui conservent encore après cinq siècles la vivacité propre aux couleurs du XIVe siècle. Chacune des divisions de la voûte de la croisière, au-dessus du maître-autel, est remarquable spécialement par la pose naturelle des quatre Evangélistes représentés en train d'écrire. — La chapelle de *Saint-Sébastien* est aussi une œuvre du XIVe siècle, mais aujourd'hui elle sert de station au tramway.

Dans le centre du bourg se trouve un grand *bloc erratique* : le *bloc erratique de Pianezza*, ayant 25 m. de long, 12 de large, 14 de haut ; il a été dédié, par la section du Club Alpin Italien de Turin, qui y fit apposer une inscription, à Barthélemy Gastaldi, insigne géologue qui a bien mérité de l'alpinisme pour les services qu'il a rendus au Club comme fondateur et comme président.

De Pianezza on peut aisément et en peu de temps se rendre à la gare d'Alpignano de la ligne du chemin de fer Turin-Modane (p. 4).

Pavillon de la France.

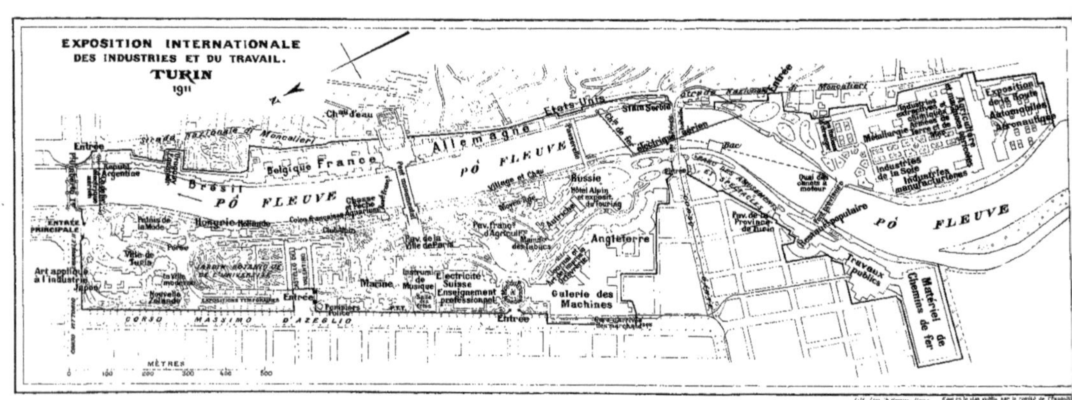
EXPOSITION INTERNATIONALE
DES INDUSTRIES ET DU TRAVAIL.
TURIN
1911
Entrée
Brésil
PÔ FLEUVE
Belgique France
Allemagne
Etats Unis
Siam Serbie
Russie
Hôtel Alpin et exposit. du touring
Autriche
Angleterre
Galerie des Machines
Entrée
Marine
Electricité Suisse
Enseignement professionnel
Instrum. de Musique
Pav. de la Ville de Paris
Pav. franç. d'Agricult.
Village et Ch.au
Moyen Âge
Hongrie
Hollande
Palais de la Mode
Ville de Turin
Perse
Japon
Art appliqué à l'industrie
Nouvelle Zélande
ENTRÉE PRINCIPALE
Chasse et Pêche Aquarium
Colon. françaises
Ch.au d'eau
EXPOSITIONS TEMPORAIRES
Pompiers Police
P.T.T.
CORSO MASSIMO D'AZEGLIO
Strada Nazionale di Moncalieri
Pont monumental
Passerelle
Ch.in de fer électrique aérien
Bac
Quai des canots à moteur
Pav. de la Province de Turin
Restaurant populaire
Pont provisoire
Travaux publics
Matériel de Chemins de fer
Métallurgie
Industries de la Soie
Industries manufacturières
Agriculture
Exposition de la Route Automobiles Aéronautique
PÔ FLEUVE
MÈTRES
0 100 200 300 400 500

Le Stadium.

L'EXPOSITION INTERNATIONALE DES INDUSTRIES ET DU TRAVAIL

(20 AVRIL–FIN OCTOBRE).

L'Exposition est installée sur les deux rives du Pô réunies par des ponts, des passerelles et par un chemin de fer électrique aérien ; sur la rive gauche elle occupe le beau **parc de Valentino** et, sur la rive droite, ses édifices s'élèvent aux pieds des riantes collines que domine la basilique de la Superga.

Placée dans un décor charmant, elle groupe dans un ensemble harmonieux, — parmi les ombrages et les gazons, — des constructions agréables à voir. Ainsi que l'a dit un publiciste français qui en a visité les travaux : « On sent que cette belle exposition est née d'une idée aristocratique et, surtout, artistique ».

Dans l'enceinte de l'Exposition se trouvent aussi le château du Valentino, le jardin Botanique, le bourg et le château moyen âge dont nous parlons à la p. 22. — Dans son ensemble elle occupe 1,200,000 mètres carrés, dont plus de 300,000 couverts de constructions.

L'entrée principale se trouve sur le *corso Vittorio-Emanuele II*, à l'angle du corso Cairoli, près du pont Umberto I. — Trois autres entrées se trouvent sur la rive gauche et deux sur la rive droite; parmi les premières on doit mentionner particulièrement celle qui s'ouvre à l'angle du corso Massimo d'Azeglio et du corso Raffaello, devant le beau monument du prince Amédée, encadré des deux côtés par les grandes arcades donnant accès à la section de l'Electricité (à dr.) et à la section des Machines (à g.).

Nous commençons notre description en partant de l'entrée principale (Pl. 1). — A droite, c'est le *palais de l'Art appliqué à l'industrie* (Pl. 3); en face, l'élégant **palais de la Mode** (Pl. 2) sera sans doute l'un des plus attrayants pour la foule des visiteurs; il renferme trois *dioramas*, qui feront admirer toute sorte de toilettes et de costumes. Un peu plus loin, en face du *Jardin Botanique* (Pl. 9), se trouvent le *palais de la Hongrie* (Pl. 8), un peu lourd, mais très caractéristique grâce surtout à sa décoration polychrome, et le *pavillon de la Hollande* (Pl. 11). Viennent à la suite, sur la berge de la rive g. du Pô et en face du *château du Valentin* (Pl. 12; V. aussi p. 22), le *pavillon du Club Alpin italien* (Pl. 15) et les constructions,

Palais des Fêtes.

enfouies au milieu des arbres, qui forment le **pavillon de l'Algérie et des Colonies françaises** (Pl. 14); à côté du *pavillon de la Chasse* (avec un « Aquarium »; Pl. 16) et près du Commissariat général, d'autres pavillons forment un décor séduisant à l'œil : celui du *restaurant français*, celui du champagne, celui du cognac, celui de Menier (copie d'un pavillon du XVIIIe siècle, édifié jadis dans le parc Monceau); enfin, au milieu de la verdure, le **pavillon d'honneur de la ville de Paris** (Pl. 19) : évocation de Versailles transplantée sur la rive du Pô : il contient non seulement l'exposition rétrospective de Paris, — une reconstitution de trois salons du XVIIIe siècle, réunis dans des boiseries provenant d'anciens hôtels démolis rue de Grenelle ou rue de Fleurus, — mais encore l'exposition de Sèvres, des Gobelins et de Beauvais.

On est ici au pied de l'escalier donnant accès au grand **pont monumental** (Pl. 62) aboutissant au Château d'Eau (V. ci-dessous) et auquel donne accès un grand escalier. — D'ici, à notre droite, nous voyons, adossée aux *Galeries des Instruments de musique*, la

Palais des Chemins de fer.

grande **salle des Fêtes** (Pl. 24), destinée aux auditions musicales et qui est dominée par une coupole s'élevant à 60 m. de hauteur.

En continuant à longer la rive gauche du Pô, on trouve à droite le *pavillon français de l'Agriculture* (Pl. 26) et, quelques pas plus loin, l'intéressant et pittoresque groupe formé par la reconstitution d'un **bourg** et d'un **château du moyen âge** (Pl. 28 : V. aussi p. 22) : dans une des constructions du bourg, on a installé l'*exposition rétrospective des Arts graphiques* (on peut y voir fonctionner une impri-

Palais de l'Angleterre.

merie telle qu'elle était au XVe s.). — Au delà on voit se succéder, à gauche, les *pavillons de la Russie* (Pl. 29) et, à dr., l'*hôtel Alpin*, l'*exposition du Touring-Club italien* (Pl. 31) et le *pavillon de l'Autriche* (Pl. 32). Plus à gauche se trouve le **palais du Journal** (Pl. 34), qui renferme l'*exposition de l'Art de l'Imprimerie* ancien et moderne : c'est une grande construction destinée à survivre à l'Exposition et qui comprend une vaste salle à coupole flanquée de deux galeries, où sont disposées les *expositions spéciales* du *Journal*, du *Livre*, de la *Caricature*, du *Calendrier*, de la *Carte postale illustrée* : dans un pavillon spécialement aménagé on pourra voir plusieurs machines en action (entre autres, celles pour la fabrication du papier).

Tout près, — en face de la *fontaine monumentale*, souvenir de l'Exposition de 1908, — s'élève le beau **palais de l'Angleterre** (Pl. 37), qui couvre 20,000 mètres carrés : en face, à côté du *pont Principessa Isabella*, est le *pavillon de l'Inde anglaise*.

Nous quittons ici la rive gauche, le long de laquelle sont groupées d'autres sections de l'Exposition (*Parc des amusements, Res-*

taurant populaire, Travaux Publics et Chemins de fer) et par le pont Principessa Isabella, — que croise un *chemin de fer électrique aérien* (Pl. 59), — nous passons sur la rive droite.

A droite, en amont du pont, est ce que l'on appelle « l'Exposition du Pilonetto », qui embrasse les *Industries* en général, l'*Exposition de la Route, de l'Automobile et de l'Aéronautique*, ainsi que la section des *Italiens à l'étranger*. Cet ensemble de constructions occupe environ 60.000 mètres carrés, c'est-à-dire à peu près le quart de la superficie totale couverte de l'Exposition.

En aval du pont Principessa Isabella, sur la rive droite du Pô, on

Palais de l'Industrie artistique.

a groupé les sections des États qui ont accepté de participer à l'Exposition (à l'exception des sections de l'Angleterre, de la Hollande, de la Hongrie, installées sur la rive gauche). Il est toutefois utile de rappeler que les pays étrangers sont aussi largement représentés dans les sections générales, consacrées à l'Électricité, à l'Industrie des transports, au Journal, aux Machines en action et au Stand de l'Aviation.

Au delà du pont c'est d'abord le *pavillon de la Serbie* (Pl. 57), puis celui du *Siam* (Pl. 58) que nous rencontrons; viennent ensuite le *palais des États-Unis* (Pl. 60) et le *palais de l'Allemagne* (Pl. 61), dont la façade, vers le Pô, s'allonge sur 250 mètres. — Nous arrivons au superbe **Château d'Eau** (Pl. 63), adossé à la colline, dans la prolongation de l'axe du pont monumental, au delà et au-dessus des Sections étrangères. Si l'on pense que la colline présente en cet endroit une élévation de 80 mètres environ au-dessus du Pô, il est facile d'imaginer le parti que les architectes de l'Exposition, *Fenoglio*, *Molli* et *Salvadori*, ont su tirer de cette différence de niveau.

En face, le *pont monumental*, avec ses rampes latérales, la rangée de ses Victoires et ses escaliers, forme un ensemble architectural d'un très bel effet.

Tout à côté, le féerique **palais de la France** (Pl. 64), — célébrant le commerce, l'art et l'industrie de notre pays, mesure 193 mètres de long et occupe 14.000 mètres carrés. La partie centrale du palais est formée par un vaste salon que domine une coupole haute de

Photo dal Rio.

Palais de la République Argentine.

50 mètres et d'où rayonnent les galeries de la section; c'est là que, dans quatre salles, sont exposés et mis en valeur des documents historiques admirablement choisis; plus loin est réunie l'histoire de la comédie italienne et enfin, dans une salle glorieuse, autour des souvenirs de Napoléon Ier, roi d'Italie, figureront toutes les reliques de la grandiose épopée.

Le palais de la France touche au *pavillon de la Belgique* (Pl. 65) dont l'aspect rappelle l'architecture flamande. Enfin, l'Amérique du Sud complète, par ses édifices, l'Exposition de la rive droite.

Le vaste *Stadium*, consacré aux concours d'athlétisme, de cyclisme, etc., a été construit sur l'emplacement de l'ancienne Place d'Armes.

372-11. — Coulommiers. Imp. PAUL BRODARD. — 5-11.

PUBLICITÉ DES GUIDES JOANNE

EXERCICE 1911-1912

I. Adresses utiles — Sociétés financières
Journaux — Chemins de fer — Agences de voyages
Indicateurs — Compagnies maritimes

ADRESSES UTILES

ARMURIERS

Ne **voyagez** pas sans avoir un

Pistolet GUINARD

petit, léger, puissant

Automatique, toujours prêt pour la défense. Bon marché. *Plusieurs modèles.*

CHASSEURS

pour réussir, employez les

Hammerless GUINARD

éjecteur, chokebore, qualité supérieure garantie et meilleur marché.

Armes coloniales

CARABINES de haute précision. Efficacité garantie

TRADE MARK

Étab^ts GUINARD et Cie

8, avenue de l'Opéra, 8

PARIS — *Téléph.* 216-17

ANTISEPSIE

OZONATEUR, breveté S. G. D. G.

Purificateur antiseptique de l'air ambiant. — PRIX : 6 à 9 francs. —

OZONATINE

(Liquide destiné à l'alimentation)

Prix du litre : 8 fr. Bidons de 1/2, 1, 2 et 5 litres.

Se méfier des nombreuses contrefaçons et similitudes de noms.

9, Rue de la Chaussée d'Antin
PARIS TÉLÉPHONE 124-66

BANQUES

Comptoir National d'Escompte de Paris. (Voir p. 7).

Crédit Lyonnais. (Voir p. 10).

Société Générale. (Voir p. 8).

BAROMÈTRES

RICHARD (Jules) ✱...... **419-63**
R. Mélingue, 25, et R. Halévy, 10
Télégr. : *Enregistreur-Paris*

Baromètre enregistreur

permettant à tout instant de connaître le pronostic du temps.

Baromètre altimétrique
forme montre et enregistreur de poche

(*Voir page de garde au commencement du volume.*)

CAOUTCHOUC DE VOYAGE
HYGIÈNE — CHIRURGIE

Maison Charbonnier
J. VECRIGNER. Succ^r
376, rue Saint-Honoré, Paris

Caoutchouc manufacturé anglais, français et américain. Chaussures américaines et gants, bottes de marais.

Vêtements imperméables, toile-caoutchouc. Tubs anglais ou bains portatifs, cuvettes pliantes, sacs à eau chaude, coussins et matelas à air et à eau pour malades et pour voyages. Urinaux. Bidets et bassins, etc. Atelier de réparation.

TÉLÉPHONE 241-67

CHOCOLAT

Chocolat Menier. (V. p. 151).

DENTIFRICE

Docteur Pierre. (Voir p. 49).

GLACIÈRE

Glacière Portative

J. Schaller, *1, rue François-Ponsard*, **Paris.** (Voir p. 50).

HOTELS

Grand Hôtel de l'Athénée
15, rue Scribe, Paris

Hôtel des Champs-Élysées
3 et 5, rue Balzac (angle de la rue Lord-Byron) — *Champs-Élysées.* Nouvellement construit avec tout le confort moderne. TÉLÉPHONE 574-77.
M. P. Santini, directeur

Hôtel du Chariot d'Or
39, rue de Turbigo, près du boulevard de Sébastopol. Entièrement transformé. Confort moderne. Chambres depuis 3 fr. Table d'hôte. Restaurant. Ascenseur. Lumière électrique. Chauffage central. — TÉLÉPHONE 1012-03. **Constantin,** Pr^re.

Hôtel Corneille, *5, rue Corneille.* Chambres de 3 à 6 fr. Restaurant. Lumière électrique. Bains. Douches. Calorifère. TÉLÉPHONE 810-80.
Agréé par le T. C. F.

Hôtel du Danube, *58, rue Jacob*, près les Tuileries et la gare d'Orsay. Maison de famille. Pension depuis 7 fr. Déjeuners, 2 fr. 50. Dîners, 3 fr. Salon. Bains. Electricité. Chauff. central TÉLÉPHONE 733-71.
Teissèdre, propriétaire.

G^d Hôtel Européen

67, Rue Turbigo, Paris
(Voir, p. 50).

Hôtel Fénelon, *11, rue Férou* (près de Saint-Sulpice). Chambres de 2 à 8 fr.; au mois de 25 à 80 fr. Repas, 2 fr. 25 et 2 fr. 50. — Pension, 115 fr. — Confort moderne.

Hôtel Mondial

CITÉ BERGÈRE, 5, (Grands boulevards). Ascenseur. Chauffage central. Bains. Restaurant.
TÉLÉPHONE 221-32. Adr. télégr. : Hôtel-Mondial-Paris.
Mêmes Maisons :
Hôtel de Belgique et Hollande, *7, rue Trévise.* **Hôtel de la Cité Bergère,** *4, cité Bergère.*

HOTEL de la TRÉMOILLE
14, rue de la Trémoille
Champs-Élysées
(Voir p. 50).

Hôtel Vignon, *23, rue Vignon* (gare Saint-Lazare, Madeleine). Chambres depuis 3 fr. 50. Pension depuis 8 fr. Installation moderne. Chauffage central.
TÉLÉPHONE 311-10

PORTE-PLUME

A RÉSERVOIR

Porte-plume à Réservoir

106, rue de Richelieu, Paris

(Voir page de garde à la fin du volume)

PRODUITS PHARMACEUTIQUES

Coaltar saponiné

(Voir page bleue au commencement du volume.)

Fer Bravais. (Voir p. 149).

Lin Tarin; Pommade Fontaine; Savon Fontaine.

(Voir p. 49).

PHARMACIE CENTRALE DU NORD. (Voir page 149).

VÉRITABLES GRAINS DE SANTÉ DU Dr FRANCK *contre la constipation.* (Voir page de garde en tête du volume.)

POMMADE MOULIN

Guérit Dartres, Boutons, Rougeurs, Démangeaisons, Eczémas, Hémorroïdes. Fait repousser les **Cheveux** et les **Cils. 2** fr. **30** le pot, *franco.*

Pharmacie MOULIN

30, rue Louis-le-Grand, PARIS

RESTAURANT

Le GRAND VATEL, Restaurant 275, *R. St-Honoré,* Paris. (V. p. 136).

TEA ROOMS
LE GRAND VATEL

275, *rue St-Honoré,* Paris. Afternoon Tea. — Orchestre. (Voir page 136).

THERMOMÈTRES

Richard (Jules). ✵. *(Voir page de garde au commencement du volume.)*

VÉRASCOPE

RICHARD (Jules). ✵..... **419-63.** R. Mélingue, 25; R. Lafayette, 7, et R. Halévy, 10

Constructeur d'Instruments de Précision

Le VÉRASCOPE (Brev. S.G.D.G.)

Le GLYPHOSCOPE (Br. S.G.D.G.)

Nouvelle Jumelle stéréoscopique à 35 fr. à l'usage des débutants en photographie.

(Voir page de garde au commencement du volume).

VOYAGES

Agence Cook, *place de l'Opéra, 1, Paris.* (Voir p. 43).

Agence Lubin, *boul. Haussmann, 36, Paris.* (Voir p. 43).

Compagnie des Messageries Maritimes. (Voir p. 45).

Compagnie Générale Transatlantique. (Voir p. 47).

Compagnie de Navigation mixte. (Voir p. 46).

Compagnie Marseillaise de Navigation Fraissinet et Cie. (Voir p. 46).

Compagnie de Navigation Marocaine et Arménienne Paquet et Cie (Voir p. 47).

SOCIÉTÉ GÉNÉRALE

Pour favoriser le développement du Commerce et de l'Industrie en France

Société anonyme fondée en 1864

CAPITAL : 400 MILLIONS

Siège social : rue de Provence, 54 et 56, à Paris

PRINCIPALES AGENCES DANS LES DÉPARTEMENTS :

* Abbeville.
Agde.
* Agen.
* Aix-en-Provence
* Aix-les-Bains.
* Alais.
Albert.
* Albertville.
* Albi.
* Alençon.
Ambert.
* Amboise.
* Amiens.
* Andelys (Les).
* Angers.
* Angoulême.
* Annecy.
* Annemasse.
* Annonay.
* Apt.
* Arcachon.
* Argentan.
* Argenton-sur-Creuse.
* Arles.
* Armentières.
* Arras.
* Aubagne.
* Aubenas.
* Aubusson.
* Auch.
Auray.
* Aurillac.
* Autun.
* Auxerre.
* Avallon.
* Avesnes.
* Avignon.
* Avize.
Avranches.
Ay.
* Bagnères-de-Bigorre.
* Barbentane.
Barbezieux.
* Bar-le-Duc.
* Bar-sur-Aube.
* Bar-sur-Seine.
Bayeux.
* Bayonne.
* Beaumont-s-Oise
* Beaune.
* Beauvais.
* Belfort.
* Bellegarde.
* Belley.
* Bergerac.
Bergues.
* Bernay.
* Besançon.
* Béziers.
* Biarritz.
Billom.
Bléré.
* Blois.
* Bohain.
* Bolbec.
* Bordeaux.
* Boulogne-s-M.
* Bourbonne-les-Bains.
* Bourg.
* Bourges.
Bourgoin.
Bressuire.
* Brest.
* Briey.
* Brignoles.
Brionne.
* Brive.
* Caen.
* Cahors.
* Calais.
* Cambrai.
* Cannes.
* Carcassonne.
* Carentan.
* Carmaux.
* Carpentras.
* Castelsarrasin.
* Castres.
Caudry.
Cavaillon.
* Cette.
* Chalon-s.-S.
* Châlons-s-M.
* Chambéry.
Chambon-Feugerolles.
* Chantilly.
* Charleville.
Charmes.
Charolles.
* Chartres.
Châteaudun.
Châteaulin.
Châteauneuf-s.-Charente.
Châteaurenard.
* Châteauroux.
* Château-Thierry.
Châtillon-s-Seine
Chaumont.
* Chauny.
Chazelles-s-Lyon
* Cherbourg.
* Chinon.
Clamecy.
* Clermont-Ferr
* Cluny.
* Cognac.
* Comines.
* Compiègne.
Condom.
Contrexéville.
* Corbeil.
* Cosne.
* Coulommiers.
Coutances.
* Creil.
* Crest.
Creusot (Le).
* Dax.
* Denain.
* Dieppe.
Digoin.
* Dijon.
* Dinan.
* Dinard.
* Dôle.
Domfront.
* Douai.
Doué-la-Fontaine
Doullens.
* Draguignan.
* Dreux.
* Dunkerque.
* Elbeuf.
* Epernay.
* Epinal.
Estaires.
* Etampes.
* Eu.
* Evian-les-Bains
* Evreux.
* Falaise.
* Flèche (La).
* Flers.
Foix.
* Fontainebleau.
Fontenay-l-Comte
Fougerolles.
* Fourmies.
* Gaillac.
Gannat.
* Gap.
* Gien.
* Gisors.
Givet.
Givors.
Gournay-en-Bray.
* Granville
* Grasse.
Graulhet.
Gravelines.
* Gray.
* Grenoble.
* Guingamp.
* Guise.
* Havre (Le).
Hirson.
* Honfleur.
* Hyères.
* Issoudun.
Jarnac.
* Joigny.
* Jonzac.
* Jussey.
* La Bassée.
* Lagny.
* Laigle.
Landivisiau.
Langon.
Langres
Lannion.
* Laon.
Lapalisse.
La Réole.
* Laval.
* Lavaur.
Lavelanet.
* Lézignan.
* Libourne.
Ligny-en-Barrois
* Lille.
* Lillers.
* Limoges.
* Lisieux.
* Loches.
Lodève.
* Longwy.
* Lons-le-Saunier.
* Lorient.
Loudun.
* Louviers.
* Lunéville.
* Lure.
* Luxeuil.
* Lyon.
* Mâcon.
Mamers.
* Mans (Le).
* Mantes.
* Marmande.
* Marseille.
Marvejols.
* Maubeuge.
* Mauléon.
* Mayenne.
* Meaux.
* Melun.
* Menton.
* Meru.
* Merville.
Meulan.
* Meursault.
Meymac.
* Millau.
Mirecourt.
* Moissac.
* Montargis.
* Montauban.
* Montbéliard.
* Mont-d-Marsan

(*) Les agences marquées d'un astérisque sont pourvues d'un service de coffres-forts.

* Montdidier.
* Monte-Carlo.
* Montélimar.
* Montereau.
* Montluçon.
* Montpellier.
* Montreuil-s.-M.
Montrichard.
Moret-s.-Loing.
Morez-du-Jura.
* Morlaix.
* Moulins.
Moutiers.
* Nancy.
* Nantes.
Nantua.
* Narbonne.
* Nemours.
* Nevers.
* Nice.
* Nîmes.
* Niort.
* Nogent-l-Rotrou.
* Noyon.
Nuits-St-Georges
* Oloron-Sainte-Marie.
* Orléans.
* Orthez.
* Oyonnax.
* Pamiers.
* Parthenay.
* Pau.
* Périgueux.
* Péronne.
* Perpignan
Pertuis.
* Pézenas.
Pithiviers.
* Poitiers.
Pons.
* Pont-à-Mousson
* Pont-Audemer.

Pont-de-Beauvoisin.
Pontivy.
Pont-l'Évêque.
* Pontoise.
* Provins.
* Puy (Le).
* Quesnoy (Le).
* Quimper.
Quimperlé.
* Redon.
* Reims.
* Remiremont.
* Rennes.
Rethel.
Revel.
* Riom.
Rive-de-Gier.
* Roanne.
* Rochefort-s-Mer
* Rochelle (La).
* Roche-sur-You (La).
* Rodez.
* Romans.
* Romilly-s-Seine.
* Romorantin.
* Roubaix.
* Rouen.
* Royan.
* Rueil
Ruffec.
Saint-Affrique.
* Saint-Amand.
* Saint-Brieuc.
* Saint-Chamond.
* Saint-Claude.
* Saint-Cloud
* Saint-Dié.
* Saint-Dizier.
* Saint-Etienne.
Saint-Flour.

* Sainte-Foy-la-Grande.
* Saintes.
* Saint-Gaudens.
* Saint-Germain-en-Laye.
Saint-Girons.
* Saint-Jean-d'Angély.
* St-Jean-de-Lux
* Saint-Lô.
Saint-Loup-s.-Semouse.
* Saint-Malo.
* Saint-Nazaire.
* Saint-Omer.
* Saint-Quentin.
Saint-Remy-de-Provence.
Saint-Servan.
Salles-de-Béarn
Salins-du-Jura.
Salon.
Sancoins.
* Sarlat.
* Saumur.
* Sedan.
* Semur.
* Senlis.
Senones.
* Sens.
* Sézanne.
Sèvres.
* Soissons.
Souillac.
* Tarare.
* Tarascon.
* Tarbes.
* Terrasson.
* Thiers.
* Thizy.
* Thonon-l.-Bains.
* Thouars.

* Tonneins.
* Tonnerre.
* Toul.
* Toulon.
* Toulouse.
Tourcoing.
* Tournus.
* Tours.
* Troyes.
* Tulle.
Tullins.
* Uzès.
* Valence.
* Valence-d'Agen
* Valenciennes.
* Valognes.
Valréas.
Vals-les-Bains.
* Vannes...
* Vendôme.
Verneuil-s-Avre
* Vernon.
* Versailles.
Vervins.
* Vesoul.
* Vichy.
* Vienne.
Vierzon.
Villedieu-les-Poêles.
* Villefranche-de-Rouergue.
* Villefranche-s-Saône.
* Villeneuve-s-Lot
* Villeneuve-s-Yonne.
* Villers-Cotterets
* Vitré.
* Voiron.
* Vouziers.
Yvetot.

AGENCES A L'ÉTRANGER

Londres, Old Broad Street, 53; Bureau de West End, 65, 67, Regent Street, et **St-Sébastien** (Espagne) 15, rue Miramar.

La Société a, en outre, **90 Succursales, Agences et Bureaux** à Paris et dans la Banlieue, **747 Bureaux auxiliaires** rattachés aux agences et des **Correspondants** sur toutes les places de France et de l'Étranger.

Correspondants en Belgique et Hollande : Société Française de Banque et de Dépôts, Bruxelles, 70, rue Royale, — Anvers, 74, place de Meir ; — Ostende, avenue Léopold ; — Rotterdam, 103, Leuvehaven.

OPÉRATIONS de la SOCIÉTÉ GÉNÉRALE :

Dépôts de fonds à intérêts en compte ou à échéance fixe (taux des dépôts de 1 an à 2 ans, 2 0/0 ; de 4 ans à 5 ans, 3 0/0, net d'impôt et de timbre); **Ordres de Bourse** (France et Étranger) ; **Souscriptions sans frais** ; **Vente aux guichets de valeurs livrées immédiatement** (obligations de chemins de fer, obligations et Bons à lots, etc.) **Escompte et Encaissement de coupons** (français et étrangers; **Mise en règle de titres** ; **Avances sur titres** ; **Escompte et Encaissement d'effets de commerce** ; **Garde de titres** ; **Garantie contre le remboursement au pair** et les risques de non-vérification des tirages ; **Virements et chèques sur la France et l'Étranger** ; **Lettres de crédit et Billets de crédit circulaires** ; **Change de monnaies étrangères** ; **Assurances** (vie, incendie, accidents), etc.

Service de coffres-forts et de compartiments de coffres-forts au Siège social, dans les succursales, et dans un très grand nombre d'agences de Paris et de Province, **depuis 5 fr. par mois** ; tarif décroissant en proportion de la durée et de la dimension. — (**Demander les notices spéciales** à tous les guichets de la Société.)

(*) Les agences marquées d'un astérisque sont pourvues d'un service de coffres-forts.

Type B*

29e Année | 8 pages | Le N° 5 cent.

L'ÉCLAIREUR DE NICE

JOURNAL RÉPUBLICAIN QUOTIDIEN

LE PLUS FORT TIRAGE DES journaux du Sud-Est.

Service télégraphique spécial, Paris — Nice et Marseille — Nice, Dernières nouvelles du monde entier.

L'Éclaireur est le mieux renseigné et le plus rapidement informé. Il est l'organe préféré de la colonie étrangère en villégiature sur la Côte d'Azur.

Salle de dépêches et de renseignements gratuits.

Avenue de la Gare, 27-29.

Annonces et publicité à la succursale de *l'Agence Havas*, rue Gioffredo, 62, à Nice.

Bains de Mer de la Méditerranée

Agay, Antibes, Bandol, Beaulieu, Cannes, Cassis, Cette, Golfe-Juan-Vallauris, Hyères, Juan-les-Pins, La Ciotat, La Seyne-Tamaris-sur-Mer, Le Grau du Roi, Menton, Monaco, Monte-Carlo, Montpellier, Nice, Ollioules-Sanary, Palavas, Saint-Cyr-La Cadière, Saint-Raphaël-Valescure, Toulon et Villefranche-sur-Mer.

BILLETS D'ALLER ET RETOUR

à prix très réduits

individuels ou collectifs de famille

DÉLIVRÉS DANS TOUTES LES GARES DU RÉSEAU P.-L.-M.

du 15 Mai au 1er Octobre

Validité : **33 jours**, avec faculté de prolongation (1).

1° Billets d'Aller et Retour individuels de Bains de Mer 1re, 2e et 3e classes

Minimum de parcours simple : 150 kilomètres.

Prix : Le prix des billets est calculé d'après la distance totale, aller et retour, résultant de l'itinéraire choisi et d'après un barème faisant ressortir des **réductions importantes.**

2° Billets d'Aller et Retour collectifs de Bains de Mer 1re, 2e et 3e classes pour Familles

Délivrés aux familles d'au moins deux personnes, voyageant ensemble

Minimum de parcours simple : 150 kilomètres.

Le prix s'obtient en ajoutant au prix de deux billets simples au tarif général (pour la première personne), le prix d'un billet simple pour la deuxième personne, la moitié de ce prix pour la troisième et chacune des suivantes.

Nota. — Les titulaires de billets de Bains de mer **collectifs** peuvent obtenir, conjointement avec ces billets ou sur la présentation de ceux-ci, **des cartes d'abonnement d'un mois avec 50 0/0 de réduction sur le prix des abonnements ordinaires pour un parcours d'au plus 100 kilomètres** comprenant la plage désignée sur le billet de bains de mer. Ces cartes d'abonnement peuvent être prises isolément par chacune des personnes nommément *désignées* sur le billet d'aller et retour collectif.

Arrêts facultatifs aux gares situées sur l'itinéraire

Demander les billets (individuels ou collectifs) quatre jours à l'avance à la gare de départ.

(1) La durée de validité peut être prolongée une ou plusieurs fois de 15 jours moyennant le payement, pour chaque prolongation, d'un supplément égal à 10 0/0 du prix du billet.

VILLES D'EAUX

DESSERVIES PAR LE RÉSEAU P.-L.-M.

Aix-les-Bains, Royat, Vichy, Évian-les-Bains, etc.

1° Billets d'aller et retour collectifs 1re, 2e et 3e classes
Valables **33** jours, avec faculté de prolongation

Délivrés, du **1er mai** au **15 octobre**, dans toutes les gares du réseau P.-L.-M., sous condition d'effectuer un parcours simple minimum de 150 kilomètres, aux familles d'au moins trois personnes voyageant ensemble.

PRIX : Ajouter au prix de quatre billets simples ordinaires (pour les deux premières personnes) le prix d'un billet simple pour la troisième personne, la moitié de ce prix pour la quatrième et chacune des suivantes.

2° Billets d'aller et retour individuels 1re, 2e et 3e classes
Valables **10** jours, avec faculté de prolongation

Délivrés, du 1er mai au 31 octobre, dans toutes les gares du réseau ; réduction : 25 0/0 en 1re classe, et 20 0/0 en 2e et 3e classes.

Arrêts facultatifs aux gares situées sur l'itinéraire

Demander les billets (collectifs ou individuels), quatre jours à l'avance, à la gare de départ.

Billets d'aller et retour collectifs

de Vacances à prix réduits

1re, 2e et 3e CLASSES

Délivrés, aux familles d'au moins trois personnes, de toutes gares P.-L.-M. à toutes gares P.-L.-M., sous condition d'effectuer un parcours simple minimun de 150 kilomètres ou de payer pour ce parcours :

1° Du jeudi qui précède la Fête des Rameaux, au Lundi de Pâques inclus.

Durée de validité : **33 jours** ; faculté de prolongation d'une ou plusieurs périodes de 15 jours, moyennant le payement, pour chaque prolongation, d'un supplément de 10 0/0 de la valeur du billet collectif.

2° Du 15 juin au 30 septembre. Validité : jusqu'au 5 novembre.

PRIX : Ajouter au prix de quatre billets simples (pour les deux premières personnes), le prix d'un billet simple pour la troisième personne, la moitié de ce prix pour la quatrième et chacune des suivantes.

Lorsqu'un billet de vacances comprend plus de trois voyageurs, trois d'entre eux au moins sont tenus de voyager ensemble à l'aller et au retour ; les autres ont la faculté, quand la demande du billet collectif en fait mention, de voyager isolément dans des conditions déterminées.

Arrêts facultatifs à toutes les gares de l'itinéraire.

Faire la demande de billets, quatre jours au moins à l'avance, à la gare de départ.

CHEMINS DE FER DE L'ÉTAT

VOYAGES A PRIX RÉDUITS

Sur les Lignes du Sud-Ouest

BAINS DE MER DE L'OCÉAN

Billets de Bains de mer, valables 33 jours (non compris le jour du départ), délivrés du jeudi précédant la Fête des Rameaux au 31 octobre

1° BILLETS DE BAINS DE MER

AU DÉPART DE PARIS

De PARIS (Montparnasse, St-Lazare ou Invalides) ou de PARIS (Quai d'Orsay, Pont St-Michel ou Austerlitz) par toute voie État via Chartres et Saumur ou via Chartres et Chinon ou par Tours transit aux gares ci-après et retour	PRIX ALLER ET RETOUR					
	Section I sans faculté d'arrêt aux gares intermédiaires			Section II § 1 Faculté d'arrêt entre CHARTRES ou TOURS et la station balnéaire		
	1re cl.	2e cl.	3e cl.	1re cl.	2e cl.	3e cl.
Royan	71 30	52 40	33 10	80 65	61 20	43 50
La Tremblade (Ronce-les-Bains)	75 25	54 20	39 »	83 80	63 30	44 55
Le Chapus	67 20	49 10	35 »	77 05	58 20	40 »
Le Château-Quai (île d'Oléron)	68 70	50 00	35 20	78 55	59 70	41 20
Marennes	66 25	48 35	34 50	76 10	57 50	39 45
Fouras	63 90	46 50	33 20	73 75	55 75	37 90
Chatelaillon	62 35	46 10	32 30	71 95	55 25	37 05
Angoulins-sur-Mer	61 80	45 70	32 25	71 35	54 75	36 70
La Rochelle (ville)	61 10	45 10	31 80	70 50	54 20	36 30
La Rochelle-Pallice (île de Ré)	61 95	45 75	32 20	71 50	54 95	36 80
L'Aiguillon-Port — Via Chantonnay-Transit	59 40	43 60	31 75	67 60	51 50	35 75
L'Aiguillon-Port — Via Luçon-Transit	61 33	45 93	32 35	70 10	55 93	36 63
La Tranche — Via Chantonnay-Transit	61 90	48 10	34 25	70 10	57 »	38 25
La Tranche — Via Luçon-Transit	63 85	48 45	34 75	72 90	58 45	39 15
Les Sables-d'Olonne	62 60	48 90	32 55	72 25	56 95	37 20
Saint-Hilaire-de-Riez (Sion)	64 30	56 10	32 40	71 20	56 70	37 05
Saint-Gilles-Croix-de-Vie (Sion)	64 55	48 55	32 70	74 50	67 30	37 35
De PARIS-MONTPARNASSE, St-LAZARE ou INVALIDES par Segré et Nantes-État transit, ou Angers St-Laud transit, et Nantes-Orléans-transit, aux gares ci-après et retour.				§ 2 Faculté d'arrêt entre Sainte-Pazanne incl. et la station balnéaire.		
Challans (île de Noirmoutier, île d'Yeu, Saint-Jean-de-Monts)	63 35	44 63	31 35	71 35	50 65	35 35
Bourgneuf-en-Retz	58 50	42 90	30 10	66 50	48 90	34 10
Les Moutiers	58 50	43 30	30 40	66 50	49 30	34 40
La Bernerie	58 30	43 55	30 60	66 50	49 55	34 60
Pornic (1) (2)	58 80	44 30	31 15	66 80	50 30	35 15
Saint-Père-en-Retz	58 50	43 30	30 65	66 50	49 30	34 65
Paimbœuf (2)	59 05	43 30	30 80	67 05	49 30	34 80

2° BILLETS DE BAINS DE MER

AU DÉPART DES GARES AUTRES QUE PARIS, VALABLES 33 JOURS

non compris le jour du départ

Ces billets sont délivrés par toutes les gares du réseau de l'État (Lignes du Sud-Ouest) (**Paris excepté**), pour toutes les stations balnéaires désignées ci-dessus. Ils comportent les mêmes réductions de prix que les billets d'aller et retour ordinaires et donnent le droit de s'arrêter aux gares intermédiaires

Dispositions spéciales au 1° et au 2°

Enfants. — Les enfants de 3 à 7 ans payent moitié du prix des billets de bains de mer.

Prolongation de la durée de validité. — La durée de validité peut être prolongée d'une ou deux périodes de 30 jours, moyennant un supplément de 10 0/0 par période

3° BILLETS DE BAINS DE MER

A VALIDITÉ RÉDUITE, SANS FACULTÉ DE PROLONGATION

A) **Billets de toutes classes valables pendant 5 jours, du vendredi de chaque semaine au mardi suivant, ou de l'avant-veille au surlendemain d'un jour férié.** — Leurs prix sont ceux des billets simples augmentés d'un dixième avec minimum de perception, par place, de 12 fr. en 1re classe, de 9 fr. en 2e classe et de 6 fr. en 3e classe.

B) **Billets de 2e et de 3e classes délivrés par toutes les gares du réseau de l'État** (Lignes du Sud-Ouest), **situées au sud de la Loire, valables un jour seulement le dimanche ou un jour férié.** — Leurs prix sont les deux tiers de ceux des billets de bains de mer de 33 jours, avec minimum de perception par place de 4 fr. en 2e classe et de 2 fr. 50 en 3e classe.

Pour les conditions d'utilisation des billets de bains de mer, voir les Tarifs G V nos 6 et 106.

(1) Un service régulier de bateaux à vapeur est organisé entre Pornic et Noirmoutier pendant la période du 1er juillet au 30 septembre.

(2) Les stations de Pornic et Paimbœuf desservent les plages de Ste-Marie, La Plaine, Préfailles, Le Cormier, Tharon, St-Michel-Chef-Chef, Les Rochelets, St-Brévin-l'Océan et St-Brévin-les-Pins, par l'intermédiaire de la Cie du Chemin de fer d'intérêt local du Morbihan, (Réseau de la Loire-Inf.)

DE L'ÉTAT

PRIX RÉDUITS

Normandie et de Bretagne

Excursions en Bretagne

Facilités accordées par cartes d'abonnement individuelles et de famille, valables pendant 33 jours.

ABONNEMENTS INDIVIDUELS

Il est délivré, du jeudi précédant la fête des Rameaux au 31 octobre, des cartes d'abonnement spéciales permettant de partir d'une gare quelconque (grandes lignes) Normandie et Bretagne pour une gare au choix des lignes désignées aux alinéas ci-dessous en s'arrêtant sur le parcours; de circuler ensuite, à son gré, pendant un mois, non seulement sur ces lignes, mais aussi sur tous leurs embranchements qui conduisent à la mer, et enfin, une fois l'excursion terminée, de revenir au point de départ avec les mêmes facilités d'arrêt qu'à l'aller.

Carte valable sur la côte nord de Bretagne : 1re classe, **100** fr.; 2e classe, **75** fr. — Parcours : Ligne de **Granville** à **Brest** (par **Folligny, Dol** et **Lamballe**) et les embranchements de cette ligne vers la mer.

Carte valable sur la côte sud de Bretagne : 1re classe, **100** fr.; 2e classe, **75** fr. — Parcours : Ligne du **Croisic** et de **Guérande** à **Châteaulin** et les embranchements de cette ligne vers la mer.

Carte valable sur les côtes nord et sud de Bretagne : 1re classe, **130** fr.; 2e classe, **95** fr. — Parcours : Lignes de **Granville** à **Brest** (par **Folligny, Dol** et **Lamballe**) et de **Brest** au **Croisic** et à **Guérande** et les embranchements de ces lignes vers la mer.

Carte valable sur les côtes nord et sud de Bretagne et lignes intérieures situées à l'ouest de celle de Saint-Malo à Redon : 1re classe, **150** fr.; 2e classe, **110** fr.— Parcours : Lignes de **Granville** à **Brest** (par **Folligny, Dol** et **Lamballe**) et de **Brest** au **Croisic** et à **Guérande** et les embranchements de ces lignes vers la mer, ainsi que les lignes de **Dol** à **Redon**, de **Messac** à **Ploërmel**, de **Lamballe** à **Rennes**, de **Dinan** à **Questembert**, de **Saint-Brieuc** à **Auray**, de **Loudéac** à **Carhaix**, de **Morlaix** et de **Guingamp** à **Rosporden**.

ABONNEMENTS DE FAMILLE

Toute personne qui souscrit, en même temps que l'abonnement qui lui est propre, un ou plusieurs autres abonnements de même nature en faveur des membres de sa famille ou domestiques habitant avec elle, bénéficie, pour ces cartes supplémentaires, de réductions variant entre **10** et **50 0/0**, suivant le nombre de cartes délivrées.

Paris à Londres

Via ROUEN, DIEPPE et NEWHAVEN, **par la gare SAINT-LAZARE**

Deux départs tous les jours et toute l'année, matin et soir (dimanches et fêtes compris)

Billets simples valables sept jours			Billets d'aller et retour valables un mois		
1re classe	2e classe	3e classe	1re classe	2e classe	3e classe
48 fr. 35	**35 fr. »**	**23 fr. 25**	**82 fr. 75**	**58 fr. 75**	**41 fr. 50**

Ces billets donnent le droit de s'arrêter, sans supplément de prix, à toutes les gares situées sur le parcours, ainsi qu'à Brighton

Nota. — Les trains du service de jour entre Paris et Dieppe et vice versa comportent des voitures de 1re et de 2e classes à couloir avec W.-C. et Toilette ainsi qu'un wagon-restaurant; ceux du service de nuit comportent des voitures à couloir des trois classes avec W.-C. et Toilette.

Une des voitures de 1re classe à couloir des trains de nuit comporte des compartiments à couchettes (supplément 5 francs par place). Les couchettes peuvent être retenues à l'avance aux gares de Paris et de Dieppe moyennant une surtaxe de 1 franc par couchette.

CHEMINS DE FER DU MIDI

Les voyageurs peuvent effectuer des voyages sur le réseau du Midi (notamment dans les Pyrénées et aux gorges du Tarn), au moyen d'une des combinaisons suivantes, comportant de notables réductions sur les prix ordinaires des places :

1° Billets d'aller et retour individuels et de famille, de toutes classes

A destination des stations thermales et balnéaires situées sur le réseau du Midi.

Durée (1) : 33 jours, à compter du jour de départ, ce jour compris.

2° Billets de voyages circulaires : Paris, centre de la France, Pyrénées, Provence et gorges du Tarn (de 1re et 2e classes)

Durée (1) : 20 jours pour les voyages intérieurs du Midi (G. V., 5) et 30 jours pour les voyages communs avec l'Orléans et le P.-L.-M. (G. V., 105). — En outre, il est délivré, sur les réseaux du Midi et d'Orléans, des billets spéciaux d'aller et retour à prix réduits, pour permettre aux voyageurs porteurs de billets de voyages circulaires de visiter des points situés en dehors du voyage circulaire, notamment Carcassonne. Le voyage circulaire Provence-Pyrénées a une durée de validité de 25 jours.

3° Billets d'aller et retour de famille pour les vacances

Durée (1) : 33 jours, à compter du jour de départ, ce jour compris.

4° Cartes d'excursions dans le centre de la France et les Pyrénées
donnant droit à la libre circulation dans les zones à explorer

Ces cartes sont délivrées du 15 juin au 15 septembre, au départ de toutes les gares des réseaux du Midi et de l'Orléans.

Durée de validité : un mois avec faculté de prolongation moyennant supplément.

Il existe 5 zones d'excursions sur lesquelles le voyageur a droit à la *libre circulation*.

Les prix varient suivant le point de départ et la zone choisie. — Des réductions allant de 10 0/0 pour la 2e personne jusqu'à 50 0/0 pour la 6e et les suivantes sont consenties à toute personne qui souscrit en même temps plusieurs cartes de même nature en faveur des membres de sa famille (2).

5° Billets spéciaux d'aller et retour, de toutes classes, pour Lourdes

Délivrés au départ de toutes les gares des réseaux de l'État, du Nord, de l'Ouest, de l'Est, de P.-L.-M., d'Orléans, et dans toutes les gares du Midi situées à plus de 150 kilomètres de Lourdes. — Durée de validité variable suivant la longueur du parcours : 4 à 12 jours, non compris le jour du départ. Réduction de 20 0/0 à 40 0/0 suivant la classe et la distance parcourue (3).

AVIS. — *Le Livret-guide officiel illustré contenant une notice descriptive du réseau, des renseignements généraux sur les différentes combinaisons de voyages et l'horaire des trains est mis en vente au prix de 0 fr. 50. A. au bureau commercial de la Compagnie, à Paris ; B. Dans les bibliothèques des gares du réseau du Midi.*

(1) Faculté de prolongation moyennant supplément de 10 p. 100.
(2) Consulter pour les détails le Tarif commun G.V., n° 106.
(3) Consulter pour les détails le Tarif commun G. V., n° 102.

CHEMIN DE FER DU NORD

PARIS-NORD A LONDRES

Via Calais ou Boulogne

Cinq services rapides quotidiens dans chaque sens — Voie la plus rapide

SERVICES OFFICIELS DE LA POSTE

(*Via Calais*)

La gare de Paris-Nord, située au centre des affaires, est le point de départ de tous les grands express européens pour l'Angleterre, la Belgique, la Hollande, le Danemark, la Suède, la Norvège, l'Allemagne, la Russie, la Chine, le Japon, l'Autriche, l'Orient, la Suisse, l'Italie, la Côte d'Azur, l'Égypte, les Indes et l'Australie.

SERVICES RAPIDES

ENTRE PARIS, LA BELGIQUE, LA HOLLANDE, L'ALLEMAGNE, LA RUSSIE, LE DANEMARK LA SUÈDE ET LA NORVÈGE

	Trajet en
6 express dans chaque sens entre Paris et Bruxelles	3h 50
3 — — Paris et Amsterdam	8 30
5 — — Paris et Cologne	7 19
5 — — Paris et Francfort-sur-Mein	12 »
4 — — Paris et Hambourg	15 16
5 — — Paris et Berlin	15 28
1 — — Paris et St-Pétersbourg	51 »
Par le Nord-express, bihebdomadaire	46 »
1 express dans chaque sens entre Paris et Moscou	60 »
Par le Nord-express, hebdomadaire	54 »
2 — — Paris et Copenhague	26 »
2 — — Paris et Stockholm	43 »
2 — — Paris et Christiania	49 »

SAISON DES BAINS DE MER

Billets à prix réduits

Pendant la saison, du jeudi précédant la fête des Rameaux au 31 octobre, *toutes les gares du Chemin de fer du Nord* délivrent des billets de bains de mer de 1re, 2e et 3e classes, à destination des stations balnéaires suivantes : BERCK (station du chemin de fer d'intérêt local), via Montreuil-sur-Mer ou via Rang-du-Fliers-Verton, BOULOGNE-VILLE ou TINTELLERIES (Le Portel), CALAIS-VILLE, CAYEUX (station du chemin de fer d'intérêt local), via Saint-Valery-sur-Somme, QUEND-FORT-MAHON, QUEND-PLAGE, FORT-MAHON-PLAGE, RANG-DU-FLIERS-VERTON (Plage de Merlimont), ROSENDAEL (Plage de Malo-les-Bains), CONCHIL-LE-TEMPLE (Fort-Mahon), DANNES-CAMIERS (plages Sainte-Cécile et Saint-Gabriel), DUNKERQUE (plages de Malo-les-Bains et Rosendael), ETAPLES, PARIS-PLAGE (station du chemin de fer électrique), via Etaples, EU (plages du Bourg-d'Ault et d'Onival), GRAVELINES (Petit-Fort-Philippe), ORYVELDE (Bray-Dunes), LE CROTOY (station du chemin de fer d'intérêt local), via Noyelles, LEFFRINCKOUCKE (MALO TERMINUS), LE TREPORT-MERS, LOON-PLAGE, MARQUISE-RINXENT (plage de Wissant), NOYELLES, SAINT-VALERY-SUR-SOMME, WIMILLE-WIMEREUX (plages de Wimereux, Audresselles et Ambleteuse), ZUYDCOOTE (Nord-Plage), PONT-DE-BRIQUES (Hardelot).

Il existe trois catégories de billets, savoir :

1° **Billets de saison** (1) de 1re, 2e et 3e classes, valables pendant 33 jours, non compris le jour de l'émission, avec facilité de prolongation pendant plusieurs périodes de 15 jours (2), sous condition d'effectuer un parcours minimum de 100 kilomètres aller et retour. Ces billets, créés pour les familles, sont *nominatifs et collectifs*. Il est accordé une *réduction de 50 0/0* à chaque membre de la famille en plus du troisième. Les billets dont il s'agit doivent être demandés au moins 4 jours à l'avance à la gare où le voyage doit être commencé.

2° **Billets hebdomadaires et carnets d'aller et retour** (1) de 1re, 2e et 3e classes. Les billets hebdomadaires sont valables pendant 5 jours, du vendredi au mardi et de l'avant-veille au surlendemain des fêtes légales. Ces billets et carnets sont individuels. Les prix varient selon la distance et présentent des *réductions de 25 à 40 0/0*. Les carnets contiennent 5 billets d'aller et retour et peuvent être utilisés à une date quelconque dans le délai de 33 jours, non compris le jour de distribution.

(Voir notes, page suivante.)

CHEMIN DE FER DU NORD *(Suite)*

3° **Billets d'excursion** (1) de 2° et 3° classes, les dimanches et jours de fêtes légales, valables pendant une journée. Ces billets sont individuels ou de famille. — Les prix réduits des billets individuels sont indiqués dans le tableau ci-dessous. — Pour les *familles* (ascendants et descendants), il est accordé une nouvelle réduction sur le prix des billets individuels d'excursion, allant de 5 à 25 0/0, selon que la famille se compose de 2, 3, 4, 5 personnes et plus.

Les billets de saison et les billets hebdomadaires sont valables dans les mêmes trains et aux mêmes conditions que les billets ordinaires du service intérieur.

Les billets d'excursion ne sont valables que dans des **trains spéciaux** *ou dans des* **trains du service ordinaire** *désignés à cet effet par la Compagnie.*

4° **Cartes d'abonnement** (1) de 1re, 2° et 3° classes, valables pendant 33 jours, et comportant une réduction de 20 0/0 sur le prix des abonnements ordinaires d'un mois. Ces cartes ne sont délivrées qu'à toute personne qui prend deux billets ordinaires au moins ou un billet de saison pour les membres de sa famille ou domestiques allant séjourner sous le même toit dans une station balnéaire désignée ci-dessous. Ces cartes ne sont valables que pour les points de départ et de destination sans arrêt en cours de route.

Les prix au départ de Paris, pour les trois catégories, sont les suivants :

Prix des billets (3) de saison, hebdomadaires et d'excursion

DE PARIS AUX STATIONS CI-DESSOUS	Billets de saison de famille valables pendant 33 jours — Prix pour 3 personnes (*)			Billets de saison de famille — Prix pour chaque personne en plus			BILLETS hebdomadaires — Prix (**) par personne			BILLETS d'excursion — Prix (*) par personne	
	1re cl.	2e cl.	3e cl.	1re cl.	2e cl.	3e cl.	1re cl.	2e cl.	3e cl.	2e cl.	3e cl.
Berck	149 40	101 40	66 30	25 60	17 45	11 45	31 »	24 15	17 »	11 15	7 35
Boulogne (ville)	171 70	113 20	75 »	28 45	19 20	12 50	34 »	25 70	18 90	11 10	7 30
Calais (ville)	198 30	133 80	87 70	33 05	22 30	14 55	37 90	29 »	21 85	12 35	8 10
Cayeux	137 55	93 60	61 20	24 »	16 45	10 80	29 90	23 05	15 95	11 »	7 25
Conchil-le-Temple (Fort-Mahon)	140 40	94 80	61 80	24 40	15 80	10 30	28 80	22 50	15 75	9 75	6 35
Dannes-Camiers	157 20	106 20	69 30	26 20	17 70	11 55	31 70	24 40	17 50	10 50	6 85
Dunkerque	204 90	138 30	90 30	34 15	23 05	15 05	38 85	29 80	22 60	12 50	8 20
Enghien-les-Bains	»	»	»	»	»	»	2 »	1 45	» 95	»	»
Etaples	152 40	102 90	67 20	25 40	17 15	11 20	30 90	23 95	17 »	10 35	6 75
Eu	120 90	81 60	53 10	20 15	13 60	8 85	25 40	20 10	13 70	8 85	5 75
Fort-Mahon (plage) (4)	141 30	96 60	64 20	24 15	16 70	11 30	29 50	23 35	16 65	10 80	7 75
Ghyvelde (Bray-Dunes)	213 »	143 70	93 60	35 50	23 95	15 60	39 95	31 15	23 40	12 50	8 20
Gravelines (Petit-Fort-Philippe)	204 90	138 30	90 30	34 15	23 05	15 05	38 85	29 90	22 60	12 50	8 20
Le Crotoy	131 25	89 10	58 20	22 60	15 40	10 10	27 90	21 95	15 15	10 25	6 75
Leffrinckoucke (Malo-Terminus)	209 10	141 »	92 10	34 85	23 50	15 35	39 40	30 55	23 05	12 50	8 20
Le Tréport-Mers	123 »	83 10	54 »	20 50	13 85	9 »	25 75	20 35	13 90	9 »	5 85
Loon-Plage	204 80	138 »	90 »	34 05	23 »	15 »	38 75	29 90	22 50	12 50	8 20
Marquise-Rinxent	182 10	123 »	80 10	30 35	20 50	13 35	35 60	26 80	20 05	11 75	7 70
Noyelles	128 90	85 80	56 80	21 15	14 30	9 30	26 45	20 85	14 35	9 15	5 95
Paris-Plage	156 »	105 60	70 20	26 60	18 15	12 20	32 10	24 95	18 »	11 35	7 75
Pierrefonds	66 »	44 40	29 10	11 »	7 40	4 85	15 40	11 50	7 60	»	»
Pont-de-Briques (Hardelot)	167 40	112 80	73 50	27 90	18 80	12 25	33 60	25 35	18 55	10 95	7 15
Quend-Fort-Mahon	137 70	93 »	60 60	22 95	15 50	10 10	28 30	22 15	15 45	9 60	6 25
Quend-Plage (4)	140 70	96 »	63 60	23 95	16 50	11 10	29 30	23 15	16 45	10 60	7 25
Rang-du-Fliers-Verton	145 20	98 10	63 90	24 20	16 35	10 65	29 60	23 05	16 20	10 05	6 55
Rosendaël (plage de Malo-les-Bains)	207 60	140 10	91 80	34 60	23 35	15 25	39 20	30 35	22 90	12 50	8 20
Saint-Amand	159 90	108 »	70 50	26 65	18 »	11 75	32 20	24 65	17 75	»	»
Saint-Amand-Thermal	163 20	110 10	72 »	27 20	18 35	12 »	32 80	24 95	18 10	»	»
Saint-Valery-sur-Somme	131 10	88 50	57 60	21 85	14 75	9 60	27 15	21 35	14 75	9 30	6 05
Serqueux (Forges-les-Eaux)	98 70	66 60	43 50	16 45	11 10	7 25	21 50	16 70	11 25	»	»
Wimille-Wimereux	174 60	117 90	76 80	29 10	19 65	12 80	34 55	26 10	19 30	11 25	7 40
Zuydcoote (Nord-Plage)	211 80	142 80	93 »	35 30	23 80	15 50	39 80	30 95	23 25	12 50	8 20

(*) Sur les prix afférents au parcours de la Compagnie du Nord, une nouvelle réduction de 5 à 20 0/0 est faite sur les billets de famille, selon que la famille est composée de 2 à 5 personnes et au delà.

(**) Des carnets individuels, contenant 5 billets hebdomadaires d'aller et retour, peuvent être utilisés à une date quelconque dans le délai de 33 jours, non compris le jour de distribution.

(1) Ces billets sont personnels et ne peuvent être vendus, sous peine de poursuites judiciaires.

(2) Cette prolongation est faite, au retour, par les soins de la gare de départ, avant l'expiration de la première période moyennant le supplément de 10 0/0 du prix total du billet.

(3) Ces prix ne comprennent pas les 0 fr. 10 de timbre pour les sommes supérieures à 10 francs.

(4) Les billets à destination de Fort-Mahon-Plage et de Quend-Plage ne sont délivrés que du 11 juin au 5 octobre, période pendant laquelle fonctionne le tramway. Avant et après cette période, la distribution et la prolongation restent limitées à Quend-Fort-Mahon.

AUX VOYAGEURS

MM. les Voyageurs consulteront très utilement, pour établir et suivre leur itinéraire, les **CARTES** *extraites du Grand Atlas Chaix des chemins de fer, qui se vendent séparément au prix de 3 et 4 fr. en feuilles. Ces cartes indiquent toutes les lignes en exploitation, en construction ou à construire. — Adresser les demandes à la Librairie Chaix, rue Bergère, 20, à Paris.*

NOUVEL ATLAS DES CHEMINS DE FER DE L'EUROPE

Bel album relié. — Prix : Paris, 50 fr.; Départements, franco, 55 fr.; Etranger, port en sus.

CARTE DES CHEMINS DE FER DE L'EUROPE au 1/2.400 000

(1 centimètre par 24 kilomètres), en quatre feuilles imprimées en deux couleurs. — Dimensions totales : 2 m. 15 sur 1 m. 55. — Prix : les quatre feuilles, 22 fr.; sur toile, avec étui, 32 fr.; montée sur gorge et rouleau, vernie, 36 fr. Port en sus pour la France, 1 fr. 50; Algérie, 3 fr.; à l'Etranger, port en sus.

CARTE DES CHEMINS DE FER DE LA FRANCE au 1/800 000

(1 centimètre pour 8 kilomètres), avec cartes de l'Algérie et des colonies, et les plans des principales villes de France, imprimée en huit couleurs sur quatre feuilles grand monde. — Dimensions totales : 2 m. 15 sur 1 m. 55. — Indiquant toutes les stations, avec tirage en couleur, spécial pour chaque réseau. — Prix : les quatre feuilles, 24 fr.; sur toile, avec étui, 34 fr.; montée sur gorge et rouleau, vernie, 38 fr. — Port en sus pour la France, 1 fr. 50; Algérie, 3 fr.; à l'Etranger, port en sus.

CARTE DES CHEMINS DE FER DE LA FRANCE et de la NAVIGATION

NAVIGATION, à l'échelle de 1/1 200 000, imprimée en deux couleurs sur grand monde (1 m. 20 sur 0 m. 90). Cette carte, coloriée par réseaux, indique les lignes en construction, en exploitation, les lignes à voie unique et à double voie, toutes les stations, etc. Six cartouches contenant les cartes spéciales de Paris, Bordeaux, Lille, Lyon, Marseille et leurs environs, et la Corse complètent la carte. — Les cours d'eau sont imprimés en bleu. — Prix : en feuille, 6 fr.; collée sur toile dans un étui, 9 fr.; montée sur gorge et rouleau, 12 fr. Port en sus, 1 fr.

ANNUAIRE-CHAIX DES PRINCIPALES SOCIÉTÉS PAR ACTIONS

Contenant des renseignements d'une utilité pratique sur les Compagnies de chemins de fer, les Institutions de crédit, les Banques, les Sociétés minières, de transport, industrielles, les Compagnies d'assurances, etc. — Une notice spéciale est consacrée à chaque Société, indiquant les noms et adresses des administrateurs, directeurs et des principaux chefs de service, — les dispositions essentielles des statuts, — les titres en circulation, — le revenu et le cours moyen des titres pour l'exercice précédent, le cours du 2 novembre de l'exercice en cours ou, à défaut, le dernier cours coté précédemment, — les époques et lieux de payement des coupons, etc. — Une liste des agents de change de Paris et des départements et une autre des principaux banquiers de Paris, Lyon, Marseille, Bordeaux, Toulouse et Nantes, complètent le volume. — Un vol. in-18 de 660 p. — Prix : cart., 3 fr. 50; par poste, en plus, 50 c.

COMPAGNIE DE NAVIGATION MIXTE

SOCIÉTÉ ANONYME AU CAPITAL DE 4038300 FRANCS

PAQUEBOTS-POSTE FRANÇAIS

ALGÉRIE, TUNISIE, SICILE, TRIPOLITAINE, ESPAGNE, MAROC

Départs de MARSEILLE pour :

Tunis (rapide), **Sousse, Monastir, Mehdia, Sfax, Gabès, Djerbah** et **Tripoli.** } mercredi midi

Oran, Melilla, Nemours, Tanger (toutes les semaines). **Beni-Saf, Tetouan, Gibraltar, Malaga** (par quinzaine) } mercredi 6 h. soir.

Philippeville (rapide) et **Bône.** jeudi midi.
Alger (direct) lundi 6 h. s. et jeudi midi (rapide)
Bizerte, Tunis, sam. midi, et **Palerme** par quinzaine.

Départs de PORT-VENDRES pour :

Alger (rapide) . . . . diman. 3 h. 30 s.
Oran (rapide). . . . . vendr. 3 h. 30 s.

Départs de CETTE pour :

Alger (*via* **Port-Vendres**). samedi minuit.
Oran — jeudi minuit.

SERVICES COMBINÉS AVEC LES CHEMINS DE FER

Toutes les gares françaises délivrent, aux conditions du Tarif commun G. V. n° 205 des chemins de fer, des **Billets circulaires à itinéraires facultatifs** établis au gré des voyageurs, valables 90 jours, et comportant à la fois des parcours en chemin de fer et des traversées maritimes à effectuer à *prix réduits* sur les paquebots de la **Compagnie de navigation mixte.** Ces billets permettent l'arrêt facultatif dans tous les ports ou gares de l'itinéraire qu'ils comportent.

La Compagnie participe en outre à la délivrance des Coupons combinables du VEREIN (Union des chemins de fer allemands).

POUR FRET ET PASSAGES, S'ADRESSER A :

MARSEILLE exploitation, 54, rue Cannebière.

LYON, siège social, 11, rue de la République.

PARIS, MM. Marzolff et Cie, 51, rue du Faubourg-Poissonnière. — Compagnie de navigation mixte. — Bureau des passages, 9, rue de Rome. — Télégramme : Buenos-Paris. — Téléphone 280-99.

PORT-VENDRES, M. Gaston Pams.

CETTE, M. P. Caffarel, 13, quai de Bose.

NICE, MM. Aug. Carles et Perrugia, 1, quai Lunel.

PALERME, MM. Tagliava et Frères.

Et en général aux correspondants de la Compagnie ou aux Agences Cook, Duchemin, Fournier, Gaze, Lubin, etc.

COMPAGNIE MARSEILLAISE DE NAVIGATION A VAPEUR

FRAISSINET & Cie

PAQUEBOTS-POSTE FRANÇAIS

Service postal entre le Continent français, l'Italie et la Corse

Départs de Marseille pour :

BASTIA, tous les dimanches à 11 h. m. et mercredis* à 2 h. s.
AJACCIO, tous les mardis* à 5 h. s. et vendredis à midi.
TOULON, CALVI ou ILE ROUSSE (alt.), tous les jeudis à 8 h. m.

Départs de Toulon pour :

LA BALAGNE, tous les jeudis, à 3 h. s.

Départs de Bastia pour :

MARSEILLE, tous les lundis*, 5 h. s. et jeudis 1 h. s.
NICE, tous les vendredis* 9 h. s.
LIVOURNE, tous les vendredis* à 1 h. m. dimanches* 10 h. m., mardis 8 h. m.

Départs d'Ajaccio pour :

MARSEILLE, tous les mercredis à 5 h. s. et samedis* à 6 h. s.
NICE, tous les jeudis* à 8 h. 1/2 s.
LA BALAGNE et NICE, tous les mardis* midi.
PROPRIANO, tous les jeudis* midi et par quinzaine les mercredis à 1 h. s.
PROPRIANO et BONIFACIO tous les sam. 5 h. s.

Départs de Nice pour :

BASTIA, tous les samedis* à 7 h. 1/2,
AJACCIO, tous les lundis* à 7 h. s.
LA BALAGNE, tous les mercredis* 11 h. m. et dimanches 8 h. m.

Départs de Livourne pour :

BASTIA, tous les mercredis midi, vendredis* midi, lundis* 1 h. matin.

Dép. de Calvi ou Ile-Rousse (alt.)

PAR QUINZAINE pour :

AJACCIO, tous les mercredis à 10 h. s.
TOULON, tous les lundis à 3 h. s.
NICE, tous les mardis* et dimanch., 11 h. s.

Départs de Propriano pour :

AJACCIO, tous les mercredis, 7 h. m., samedis* 7 h. m. et par quinzaine les jeudis à 9 h. m.
BONIFACIO, tous les dimanches midi.

Départs de Bonifacio pour :

PROPRIANO et AJACCIO, tous les mardis midi.

Services réguliers pour le Languedoc, la Provence, l'Italie, le Levant, la mer Noire, le Danube et la Côte occidentale d'Afrique

*Services rapides.

Bureaux : MARSEILLE, 5, rue Beauvau ; PARIS, 9, rue Rougemont. et NICE, 11, place Cassini

DENTIFRICES
DOCTEUR PIERRE

DE LA FACULTÉ DE MÉDECINE DE PARIS

A BASE
D'ANTISEPTIQUES VÉGÉTAUX

GRANDS PRIX

PARIS — SAINT-LOUIS — LIÈGE — LONDRES

Envoi franco d'échantillons sur demande adressée 8, Place de l'Opéra

---

La boîte LIN-TARIN 1 fr. 30

Préparation spéciale pour combattre avec succès Constipations, Coliques, Echauffements, Maladies du Foie et de la Vessie (Exigez la femme à 3 jambes.)

Une cuillerée à soupe matin et soir dans un quart de verre d'eau ou de lait.

Tout cycliste doit faire usage de LIN-TARIN

Marque de fabrique

POMMADE FONTAINE

Ses effets sont Merveilleux contre les Dartres, Eczémas, Engelures, Hémorrhoïdes, Rougeurs de la Face, Inflammations des Paupières, Pellicules et Chûte des Cheveux.

FRICTIONS LÉGÈRES CHAQUE SOIR

Le Pot : 2 FRANCS

Franco, 2 fr. 15 en timbres-poste

SAVON FONTAINE

Excellent auxiliaire de la Pommade Fontaine

Le Savon, 2 fr. Franco 2 fr. 15 en timbres-poste.

TARIN, Pharm. de 1re classe, ex-interne des Hôpitaux.

Place des Petits-Pères, 9, Paris.

Se trouvent dans toutes les Pharmacies

III

FRANCE

Classée par ordre alphabétique des localités

III. — FRANCE, classée par ordre alphabétique de localités

Ajaccio

GRAND HOTEL ET CONTINENTAL

PLEIN MIDI

130 Chambres et Salons. — Chauffage central. — Bains. — Arrangements depuis 10 fr. par jour. — Grand parc et jardins. — *Hôtel de la Trémoille, Champs-Élysées*, même direction.

LAFOND, Propriétaire

ALLEVARD-LES-BAINS (Isère)

Dans le Parc de l'Etablissement thermal

SPLENDID HOTEL

Premier ordre — Confort Moderne — Ascenseur

Chauffage central — Electricité — Salles de Bains

Allevard

HOTEL DU LOUVRE

Restaurant. — Près de l'Etablissement thermal et du Casino. — De premier ordre. — Entièrement transformé et remis à neuf. — Lumière électrique partout. — Installation sanitaire parfaite. — Immense parc. — Auto-garage. — **Pension depuis 7 francs.** — Correspondant du T. C. F. — Saison d'hiver : HOTEL DE L'EUROPE A HYÈRES.

Louis VALLET-ARNOLD, Propriétaire (Suisse)

Amélie-les-Bains (PYRÉNÉES-ORIENTALES)

THERMES ROMAINS

HOTEL DE PREMIER ORDRE

Entièrement remis à neuf. — Diplômé du T. C. F. — Bains sulfureux. — Douches. — Massage. — Etuve à désinfection. — **Éclairage électrique.** — Grand Parc. — Chalets. — Tennis. — *Garage.*

Amélie-les-Bains

HOTEL MARTINET

A 1 minute des Thermes

Vue magnifique sur le parc et la montagne. — Ancienne réputation. — Prix : 6 fr. par jour ; pension 5 fr. 50. — *Éclairage électrique.*

MARTINET

Annecy et son lac

GRAND HOTEL D'ANGLETERRE

ET

GRAND HOTEL RÉUNIS

PREMIER ORDRE. — *Électricité.* — Garage dans les jardins de l'hôtel — Chauffage moderne. — Hôtel des Postes et Crédit lyonnais attenant à l'hôtel. — *Succursales* aux gorges du Fier et sur les Bateaux du lac. — Arrangements pour séjour et pension.

M. VALLIN, Propriétaire

Annecy

GRAND HOTEL DU MONT-BLANC

DE PREMIER ORDRE

Entièrement neuf et à proximité du lac. — Médaillé du T. C. F. — Garage pour autos. — Pension depuis 8 fr. 50

A. MICHAUD, Propriétaire

Annecy

G^d HOTEL VERDUN et de GENÈVE

Tout premier ordre. — Le seul en face du Lac et sur la promenade du Paquier. — Appartements avec salles de bains. — Grand garage. — *Ouvert toute l'année.* — Chauffage central. — Sports d'hiver. — *Téléphone 0.10.* — Pension depuis 8 fr. 50. — René LEYVRAZ, Propriétaire.

Antibes

GRAND-HOTEL

Place Macé à 300 mètres de la gare.

Vue splendide sur la mer et sur les montagnes. — Absolument neuf et pourvu de tout le confort moderne. — Ascenseur. — Electricité. — 100 chambres en plein midi. — Restaurant à la carte et à prix fixe. — Arrangements pour séjour de familles. — Spécialement recommandé pour sa bonne cuisine aux touristes qui visitent la région.

Directrice : Madame CHARON

Antibes (Le Cap)

GRAND HOTEL DU CAP

Premier ordre. — Grand parc de neuf hectares. — Vue splendide sur le Golfe, les Iles de Lérins, les Montagnes de l'Esterel. — 100 chambres et salons. — Ascenseur. — Electricité. — Chauffage central dans toutes les chambres. — Appartements avec salles de bains privées. — Garage avec fosse. — Autobus à la gare. — Cave et cuisine très soignées — Prix très modérés. — Arrangements pour familles. — Saison d'été. — Etablissement hydrothérapique et Grand Hôtel à *Andorno* (Piémont). — A. SELLA, Propriétaire.

Arcachon

LOCATION DE VILLAS

Agence spéciale de la ville d'hiver. — Villa Ducos. — Agence de la Plage, *284, boulevard de la Plage.* — Renseignements précis et gratuits. — Téléphone 42. — A.-J. DUCOS, Directeur-Propriétaire.

Arcachon

LOCATION DE VILLAS

VILLE D'HIVER et PLAGE.

ARCACHON-OFFICE (Ancienne Agence Expert) *Avenue Gambetta, 1.*

TÉLÉPHONE 0.80. — *Renseignements gratuits.*

ARCACHON

(GIRONDE)

STATION HIVERNALE ET ESTIVALE

Située à **une heure de Bordeaux, à huit heures de Paris**, cette station jouit d'un climat tempéré et régulier ; c'est un des rares points du monde où, dans une même journée, on n'éprouve pas de changement brusque de température. Arcachon est par excellence la station des convalescents.

En hiver comme en été, Arcachon offre des ressources uniques, ses forêts, son bassin merveilleux qui est sans égal au point de vue des régates et du tourisme nautique, de la pêche, de la chasse aux oiseaux de mer, qui abondent toute l'année.

Deux fois par semaine, chasses municipales avec équipage de premier ordre. Tous les étrangers sont admis à suivre à cheval, sans redevance.

Chasse aux sangliers en toute saison. Deux casinos complètent les attractions de la station : Cercle nautique et des sports, bals, représentations, concerts, golf, lawn-tennis, etc. ; une mention spéciale pour le nouveau casino de la plage : d'une construction récente, c'est un palais moderne

Terrasse avec vue splendide sur la mer. La décoration magistrale et le confort de ce casino le placent au premier rang des établissements similaires.

Pour de *plus amples renseignements*, il convient de demander les brochures spéciales du *Syndicat d'initiative d'Arcachon*, qui les adresse *franco*.

Envoi franco de toutes brochures

Arcachon (GIRONDE) (*Suite*)

Mais on ne peut aller à **Arcachon** sans visiter **Bordeaux.** Cette ville offre aux touristes un très grand intérêt par son magnifique port, ses monuments de toutes les époques, si nombreux, si variés, ses musées remplis de toiles de grande valeur.

D'**Arcachon** à **Bordeaux**, on bénéficie par chemins de fer d'un tarif spécial très réduit.

La visite du département de la Gironde, organisée avec soin, révèle aux étrangers des richesses artistiques et historiques peu connues.

Il convient de s'adresser pour tous renseignements au *Syndicat d'initiative de Bordeaux* (Place de la Comédie).

Bagnères-de-Bigorre

Grands Hôtels Victoria et d'Angleterre

La plus belle situation sur la promenade des Coustous

CONFORT MODERNE — ASCENSEUR

J. PÉREZ, Propriétaire

Bagnères-de-Bigorre

Grand Hôtel de France

OUVERT TOUTE L'ANNÉE

Éclairage électrique — *Garage pour autos*

Maison de 1er ordre — *Entièrement restaurée*

Près de l'établissement thermal et du casino. — Confort moderne. *Cuisine renommée.* — *Galerie promenoir.* — Téléphone nº 16.

V. Daniel STYLITE, Propriétaire

Bagnères-de-Bigorre

GRAND HOTEL BEAU-SÉJOUR

Place Lafayette et Allée des Coustous. — *Changement de propriétaire.* — Ouvert toute l'année. — Maison de premier ordre. — Cuisine et service très soignés. — Bonne cave. — Service par petites tables. — Terrasse. — Lumière électrique. — Garage. — Pension depuis 8 fr. par jour, petit déjeuner compris. — Arrangements pour familles. — Omnibus à tous les trains. — **Adrien PLANTÉ**, nouveau Propriétaire.

LUCHON

REINE DES PYRÉNÉES

50 000 visiteurs par saison. — Trains rapides et de luxe, à 14 h. de Paris

« Luchon est la plus riche des stations sulfureuses sodiques. » (Ed. FILHOL.)

« Luchon est la Reine des stations sulfurées. Luchon est la plus forte des eaux sulfurées. » (Prof. LANDOUZY.)

Traitements divers : Diathèse rhumatismale et arthritique. — *Rhumatisme.* — Affections cutanées. — Voies respiratoires. **Humages** (Inhalation spéciale de Luchon). — Lymphatisme. — Syphilis. — **ALLEZ GUERIR A LUÇHON.** — **Casino de premier ordre.** — *Tourisme.* — *Excursions variées.* — *Ascensions de hauts sommets* : Port de Venasque, alt. 2417 m. — Pic de Sauvegarde, alt. 2736 m. — Pic Sacroux, alt. 2 678 m. — Pic de la Glère et lac de Gourgoultes, alt. 2323 m. — Tusse de Maupas, alt. 3 110 m. — Pic de la Fourcanade, alt. 2882 m. — Pic Posets, alt. 3 367 m. — Maladetta, pic de Néthou, alt. 3404 m. — **Golf.** — **Sports d'hiver.**

Bagnères-de-Luchon

AGENCE DE LOCATION

Location de Villas et d'Appartements à Luchon et cantons voisins

Renseignements gratuits. — Pension de famille. — Maison BONNETTE. — Merveilleuse situation, place du Casino, en face du port de Vénasque. — Cuisine très soignée. — Pension depuis 8 fr., sauf août. — Arrangements pour familles. — Latitude d'amener son personnel.

Écrire ou télégraphier : BONNETTE, Luchon.

Bandol

GRAND HOTEL BEAU-RIVAGE

Premier ordre. — Ouvert toute l'année. — Chambres T. C. F. — Électricité. — Hydrothérapie complète. — Bains de mer chauds et froids. — Garage à autos. — Jardins, etc. — Situation exceptionnelle au bord de la mer. — *Prix modérés pour familles.* — Omnibus aux trains.

GUBERNATIS, Propriétaire.

Bayonne

CHOCOLAT CAZENAVE

La plus ancienne réputation

Seule maison pour la fabrication spéciale des bonbons et des chocolats de santé. — Franco de port de 4 kilogrammes.

Bayonne

CHOCOLAT FAGALDE

USINE A VAPEUR A CAMBO-LES-BAINS

MAISONS PRINCIPALES DE VENTE

A BAYONNE, arceaux du Pont-Neuf, 31. — A BORDEAUX, cours du Jardin-Public, 10. — A PARIS, rue de Sèvres, 55.

Bayonne

GRAND HOTEL

Rue Thiers. — Premier ordre. — Dans le plus beau quartier. — Appartements et chambres très confortables pour familles et touristes. — Cuisine réputée. — Arrangements sanitaires. — Electricité. — Garage et fosse. — Prix modérés.

Bayonne

HOTEL D'EUROPE ET GUIPUZCOANA

Rue Thiers, 33. — Recommandé aux familles et touristes pour sa situation centrale et ses prix modérés. — *Pension 8 fr. par jour*, petit déjeuner du matin et lumière électrique. — A proximité du tramway de Bayonne à Biarritz. — Omnibus à tous les trains. — F. BARBE, Prop.

Bayonne

HOTEL CAPAGORRY

Restaurant, rue Thiers, 14 et 14 bis. — Dans le plus beau quartier de la ville. — Entièrement remis à neuf confortable. — Terrasse. — Téléphone. — Electricité. — Cuisine soignée. — Pension depuis 8 fr. par jour, tout compris même le petit déjeuner du matin. — Omnibus gare.

CAPAGORRY, Propriétaire.

LE
DIABÈTE
est radicalement
GUÉRI
et en peu de temps
PAR LE
VIN URANÉ PESQUI
Remède inappréciable pour cette dangereuse maladie. Il calme la soif, et il donne la FORCE et la VIGUEUR
Dans toutes les Pharmacies

ASCENSEUR **Bordeaux** TÉLÉPHONE 1600

HOTEL DES QUATRE SŒURS

Place de la Comédie (Grand centre)

Dernier confort. — A proximité des théâtres, des promenades, et des grandes Cies maritimes. — **Magnifique Hall.** — Salons de réception, de lecture, et de correspondance. — Fumoirs. — **Électricité.** — **Hydrothérapie.** — CHAUFFAGE CENTRAL à eau chaude. — Appartements depuis 2 fr. 75. — **R. SIMION**, Propriétaire-Directeur.

Bordeaux

NOUVEL HOTEL

RESTAURANT DE PREMIER ORDRE

Installation la plus moderne. — *Chambres de 4 à 18 francs*

Ascenseur. — Électricité. — Salle de bains. — Chauffage à vapeur

4 et 5, Place de la Comédie, en face du Grand Théâtre

TÉLÉPHONE 403

Bordeaux

HOTEL DE BAYONNE

Restaurant. — Maison de 1er ordre. — Place du Chapelet, à 50 mètres de l'Intendance et à une minute de la Place de la Comédie. — *Cuisine très réputée.* — *Chambres depuis 3 francs.* — Electricité partout. — Téléphone. — Arrangements pour familles et séjour. — *Se habla español.* — *English spoken.* — **Eugène AUGÉ, Prop.**

Bordeaux

GRAND HOTEL DE NICE

Place du Chapelet. — **Magnifique situation,** au centre des plus beaux quartiers. — Chambres et appartements très confortables au rez-de-chaussée et à tous les étages. — *Service du petit déjeuner.* — Bains. — Chauffage central. — Téléphone. — Electricité. — *Se habla español.*

PHILIP et Cie, Propriétaires

Bordeaux

GRAND HOTEL MONTRÉ

4 grandes façades sur larges rues. **Entrée : rue Montesquieu, 4. Tél. 629**

150 *chambres et appartements.* — Installation avec tout le dernier confort. — Au centre de la ville, à proximité des meilleurs restaurants et de la grande poste. — Deux ascenseurs électriques. — Chauffage central à eau chaude et à la vapeur. — Deux grands hall. — Auto-garage gratuit. — Eau courante chaude et froide dans les cabinets de toilette. — Laboratoire photographique. — Ventilation par aspiration automatique. — *Chambres avec salle de bains; toilette, W. C., etc., y attenant.* — Trois grandes salles d'expositions avec gradins. — Bains et douches aux étages. — Plusieurs salons de lecture, correspondance, fumoir. — *Chambres depuis 2 fr. 75 par jour.* — Service et lumière électrique compris. — Tarif dans chaque chambre. — *On parle les langues étrangères.*

MONTRÉ, Propriétaire

Bordeaux

RESTAURANT DU LOUVRE

21, cours de l'Intendance, 21

Déjeuners, 2 fr. 50, médoc compris. — Dîner, 3 fr., médoc compris. Lumière électrique. — **Tous les soirs, pendant le dîner, projections de photographies animées.** — *Maison spécialement recommandée par le T. C. F.*

J. PERARD, Propriétaire

 Type B—3*

La Bourboule

GRAND HOTEL RICHELIEU

Premier ordre. - Le plus près des Thermes

Conditions spéciales pour Familles

Téléphone.— Electricité.— Ascenseur.— Interprète.— Garage et Fosses *A.G.A. et Correspondant du T.C.F.* — **PASSAVY-PANET, Prop.**

La Bourboule

HOTEL DU PARC

Premier ordre. — Nouveaux agrandissements. — *Situation unique dans le Parc et près du Casino.* — Cuisine très soignée. — Service parfait. — Pension, chambre, déjeuner et dîner **depuis 8 fr. par jour, tout compris.** — Arrangements pour familles avec enfants. — Electricité dans toutes les chambres. — **Mme FAURE-FOURNIER, prop.**

La Bourboule

MÉDICIS PALACE HOTEL & MAJESTIC

Tout premier ordre. — Au centre de la station, près du Parc des Thermes et du Casino. — Installation hygiénique modèle avec bains et douches. — Chambres depuis 5 fr. — Pension par petites tables depuis 7 fr. — Sur demande table de régime. — Restaurant à à la carte. — Cuisine renommée. — Prix réduits en juin et en septembre. — Chambre noire. — Eclairage électrique partout. — Téléphone. — Ascenseur. — Grand garage avec fosse et box fermés, atelier de réparations et service de toilette — Lawn-tennis attenant à l'hôtel. — Interprète. — Omnibus **Ve A. SENNEGY, Propriétaire**

LE BOULOU

EAUX BICARBONATÉES, SODIQUES, GAZEUZES. — Fournisseur des Ministères de la Guerre, de la Marine, des Colonies. — Maladies traitées avec succès par les **Eaux du Boulou.** — **Maladies de l'estomac, du foie, de l'intestin, de la vessie, le diabète, le paludisme chronique,** l'anémie, les longues convalescences. — Etablissement ouvert toute l'année. — Chapelle. — Chemin de fer.

Brest

HOTEL CONTINENTAL

Le mieux situé. — Entièrement transformé et reconstruit. — Cabinets de toilette (eau chaude et eau froide). — Confort moderne. — Electricité. — Ascenseur. — Prix modérés.

Cambo

VILLA HOTEL MODERNE

Agrandissements pour la Saison 1911. — En face le Jardin public. — Situation exceptionnelle. — Superbe vue des Pyrénées. — Entièrement neuf. — Electricité. — Téléphone. — Cuisine très recommandée. — Pension depuis 7 francs par jour et arrangeamnts pour familles. — Correspondant du T. C. F. — **L. DIMPRE, propriétaire.**

Cannes

HOTEL DE LA PLAGE

Premier ordre. — Très bien situé sur la Croisette. — Vue splendide sur les îles de Lérins et les montagnes de l'Esterel. — Chauffage à eau chaude dans toutes les chambres. — Grand hall. — Lumière électrique. — Ascenseur. — Arrangements pour séjour. — Prix modérés.

PAUL HEILHECKER, directeur

Cannes

GRAND HOTEL de la TERRASSE et RICHEMOND

Entièrement remis à neuf. — 120 chambres et salons. — Position centrale. — Plein midi, dans un vaste parc de 2 hectares. — Service soigné. — Pension depuis 8 fr. par jour. — Chauffage central à eau chaude dans toutes les chambres. — **G. ECKHARDT**, Propriétaire.

Cannes

HOTEL NEVA

RUE DE LA COLLINE

Vue sur la mer. — Plein midi. — Arrangements sanitaires. — Bains — Electricité. — Grand jardin. — Lawn-tennis. — **Cuisine recherchée.** — Pension depuis 8 fr. par jour. — *Téléphone.*

J. Couttet, Prop. — Saison d'été : **Central hôtel, Chamonix.**

Cannes

HOTEL COSMOPOLITAIN

JARDIN AU MIDI — VUE DE LA MER

Appartements confortables. — Service et cuisine de premier ordre. — Pension depuis 8 fr. — *Ascenseur.* — Electricité. — Calorifère. — Bains. — Téléphone n° 291. — **A. WEHRLÉ**, Propriétaire.

Cannes

TERMINUS-HOTEL

Ouvert toute l'année. — Situé (en ville) à 50 mètres de la gare et au midi. — Chambres confortables. — Journée depuis 8 fr. — Cuisine spécialement soignée. — Electricité. — Calorifère. — Salon de lecture. — Salle de bains. — Pas de frais d'omnibus. — **P. GILLES, Propriétaire**, *parle anglais et allemand.* — **Annexe à l'hôtel : AMERICAN BAR 1er ordre.** —

Mêmes maisons { **Savoy-Hôtel**, 1er ordre, *Cannes.*
Hôtel Terminus, Le Fayet-Saint-Gervais.

Cannes

HOTEL VICTORIA

Plein midi. — Grand jardin. — A 2 minutes de la mer. — Chambres très confortables. — Electricité partout. — Cuisine simple et soignée. — Tramway devant la porte. Ouvert toute l'année. — Pension depuis 9 fr. par jour. — English spoken. — Man spricht deutsch.

L.-W. PILATTE, Propriétaire

Cannes
HOTEL SUISSE

Entièrement meublé à neuf. — Situation centrale. — Plein midi. — Beau jardin abrité. — **Ascenseur.** — **Lumière électrique.** — **Chauffage central.** — Grandes chambres bien aérées. — Arrangements sanitaires. — Pension depuis 9 fr. — **A. KELLER** (**Suisse**), **Propriétaire.**

Cannes
SPLENDID HOTEL

Restaurant indépendant. — Cave renommée 1er ordre. — Sur la Croisette en face la jetée et le Casino. — Plein midi. — Vue superbe sur la mer et l'Esterel. — **Entièrement remis à neuf.** — Chauffage à eau chaude. — Ascenseur. — **L'été :** *Hôtel Villas Thévenin, Le Mont-Dore (Auvergne).*

E. THÉVENIN, Propriétaire

Cannes
SAVOY-HOTEL

Vue splendide sur le Golfe et les Iles de Lérins

PREMIER ORDRE

DERNIER CONFORT

Ascenseur. — Chauffage central

LAWN-TENNIS — TIR

Salle d'escrime. — Croquet

Auto-Garage

P. GILLES, Propriétaire

Cannes
HOTEL DE FRANCE

Ouvert d'octobre à juin

Plein midi. — A 10 min. de la mer. — Grand jardin. — Ascenseur hydraulique. — Eclairage électrique. — Salons. — Billard. — Salle de bains. — Appartements hauts et aérés. — Radiateur à eau chaude dans les chambres. — Pension depuis 9 fr. par jour.

En été : **CENTRAL-HOTEL, à Vittel**

Cannes
HOTEL DE PARIS

BOULEVARD D'ALSACE. — Entièrement remis à neuf. — Plein midi. — Chauffage central. — Electricité. — Grand jardin. — *Pension depuis 8 fr.* — Cuisine faite par le propriétaire. — *Maison spécialement recommandée.* — *L'été* : **Hôtel de la Poste, à Vichy.**

BAZIN WALSDORFF, **Propriétaire**

Cannes
HOTEL WINDSOR

A cinq minutes du centre de la ville. — Magnifique parc. — Plein midi. — Confort moderne avec chauffage à eau chaude dans toutes les chambres. — Ascenseur. — Lumière électrique — Arrangements spéciaux pour séjour. — Prix modérés. — *L'été* : **Royal Hôtel, à Contrexéville.** — **LE GUEN**, **Propriétaire.**

Cauterets (Hautes-Pyrénées)

GRAND HOTEL CONTINENTAL

De tout premier ordre

CH. DUCONTE, Propriétaire

Cauterets

GRAND HOTEL D'ANGLETERRE

Ouvert toute l'année. — De tout premier ordre. — Confort moderne. — 350 chambres. — Succursales. — Appartements et pavillons meublés à louer. — Ascenseur. — Téléphone. — Bains. — Chauffage central. — Grand garage. — Jardins anglais. — Arrangements pension pour séjour. — Sports d'hiver.

A. MEILLON, *Propriétaire de* **l'Hôtel Gassion** *à Pau (B.-Pyr.)*

Cauterets

GRAND HOTEL DU PARC

Premier ordre. — Dans le Parc. — Entièrement remis à neuf. — Grands et petits appartements. — **Table d'hôte.** — **Restaurant.** — **Cuisine très recommandée.** — Fumoir. — *Lumière électrique.* — **Prix modérés.** — Omnibus à la gare. — Garage.

LÉON FERRÉ, Propriétaire, ex-Directeur de l'*Hôtel des Promenades.*

Cauterets

HOTEL RÉGINA

Ancien Hôtel des Promenades. — Complètement transformé. — **De premier ordre.** — Seul situé sur la place des Œufs. — Restaurant. — Véranda. — Fumoir. — Salle de bains. — Billard. — Ascenseur. — Lumière électrique. — **Auto-garage.** — *Omnibus à tous les trains.* — **J. DUCONTE, Propriétaire.**

Cauterets (Hautes-Pyrénées)

GRAND HOTEL DE L'UNIVERS

Ouvert du 1er mai à fin octobre

GRAND CONFORT MODERNE

Restaurants Louis XV et Louis XVI

VASTE TABLE D'HOTE

AUTO-GARAGE

HOTEL DE PREMIER ORDRE

Recommandé aux familles

Salle de billard

Fumoir, Salons de Lecture, Musique, Correspondance, etc.

Omnibus à tous les trains

Rue de la Raillère — Place Saint-Martin

Vue splendide sur les montagnes et situation centrale

Près du Casino, des Etablissements thermaux, des Promenades, du tramway de la Raillère, de la Poste, etc.

A. CIER, Directeur-Propriétaire

DU MÊME PROPRIÉTAIRE :

VILLA DES ROSES à louer meublée pour la saison

Cauterets

HOTEL MODERNE ET HOTEL DE PARIS

Excellente maison très bien située. — Restaurant et Table d'hôte. — Electricité. — Garage pour autos. — Téléphone 9. — Pension depuis 9 francs et arrangements pour familles. — Se habla espanol. — English spoken. — Omnibus à tous les trains.

BARTHÉ, Propriétaire

Cauterets

HOTEL DE LA PAIX

Place de la Mairie. — Situation la plus centrale. — Ouvert toute l'année. — Vue magnifique des montagnes. — Grand confortable. — Pensions depuis 9 fr. et arrangements pour familles. — Garage pour autos. — Téléphone. — Electricité. — Correspondant du T. C. F. — Omnibus à tous les trains. — Se habla espanol.

J. LARRIEU, Propriétaire

Cauterets

Maison LABORDE MAN.. GAU

PENSION DE FAMILLE. — *Rue de la Raillère*, 19, *et* 21, *rue de l'Eglise*, 8.

Jouissant d'une honorable et grande réputation. — Très bien située auprès des Thermes et de l'église paroissiale. — Excellente cuisine. — **Prix** : depuis 7 fr. 50 par jour, petit déjeuner du matin et service compris. — *Très belle vue des montagnes.*

Omnibus à tous les trains. Téléphone : 11

Belle Villa à Argelès-Gazost

Cauterets

HOTEL BELLEVUE

Près de la gare et du grand parc. — Vue merveilleuse. — **Table d'hôte.** — Spécialement recommandé aux familles et aux touristes pour son confortable et sa cuisine soignée. — Electricité — Garage pour autos. — *Pension depuis 7 fr.* — **B. SALLE**, **Propriétaire.**

Cauterets

HOTEL DES PYRÉNÉES

Rue Richelieu, 21. *Entre la Gare et les Thermes.*

Chambres et appartements confortables. — Cuisine très soignée. — Pension depuis 8 francs. — Eclairage électrique. — Téléphone n° 15. — Ouvert pendant le concours de skis.

Cauterets

MAISON PIMORIN

Boulevard Latapie-Flurin. — Dans le plus beau quartier. — Pension de famille. — Appartements et chambres confortables. — Electricité. — Cuisine soignée. — Pension depuis 8 fr.

Mlles BONNEHON, Propriétaires de l'*Hôtel du Boulevard, à PAU*

Cauterets

MAISON DES FAMILLES

Rue des Thermes, place des Thermes et rue d'Étigny, 6. — Entièrement remis à neuf. — **Clientèle de choix.** — Confort moderne. — Lumière électrique. — Table d'hôte. — Service par petites tables et tables de régime. — **Pension depuis 8 fr.** — Chalet meublé sur la place des Thermes, à louer. — *Omnibus gare.*

Le docteur **GUINIER**, médecin consultant, habite l'immeuble.

Cauterets

GRAND HOTEL DU BOULEVARD

ET HOTEL DE RUSSIE

Appartements et chambres avec tout le confort moderne. — Table d'hôte. — Restaurant. — Cuisine très soignée. — Jardin couvert. — Téléphone 12. — Pension depuis 9 fr. sauf le mois d'août. — Arrangements pour familles. **P. MÈCHE, Propriétaire.**

Cauterets

PENSION SAINTE-CÉCILE

BOULEVARD LATAPIE-FLURIN

Dans le plus beau quartier de la ville, près l'Esplanade et des Sources — Appartements et chambres confortables. — Electricité. — Cuisine très soignée. — Pension depuis 7 fr.

CASTAYBERT, Propriétaire

Cette

TERMINUS HOTEL

Restaurant des Gourmets

Le plus près des gares du Midi et du P.-L.-M. — **Excellente maison.** — Installation confortable et moderne. — Chambres Touring-Club. — Cuisine très soignée. — Prix depuis 7 fr. 50 par jour. — **Téléphone 3.46.** — Omnibus à tous les trains. **Henri RAYMOND, Propriétaire**

Challes-les-Eaux

GRAND HOTEL CHATEAUBRIAND

De premier ordre. — Construit en 1897, agrandi en 1903. — **Merveilleusement situé au levant.** — Vue superbe sur le Nivolet, Saint-Michel et les Alpes. — **Très recommandé pour sa situation, son grand confortable et son installation hygiénique perfectionnée.** — *Bains.* — Electricité. — Tennis. — Garage et fosse. — Villas séparées. — **Arrangements pour familles et pour séjour.** — *Prix modérés.* — Omnibus à Chambéry. — **Arrêt du tramway.**

Chambéry (Savoie)

Le Grand Hôtel de France

Maximum de confort à Chambéry

Chambéry

GRAND HOTEL DE LA PAIX ET TERMINUS

En face de la gare. — De 1er ordre. — **Appartements avec cabinet toilette, eau chaude et froide.** — **Chauffage.** — **Bains.** — **Electricité.** — Téléphone 1-18. — **Ascenseur.**

LEBRUN, Propriétaire

Chamonix

GRAND HOTEL DE LA POSTE

Premier ordre. — Diplôme pour son installation hygiénique. — Lumière électrique partout. — Bains, douches. — Grand garage. — Téléphone n° 6. — Ascenseur. — Déjeuner fourchette, 3 fr. ; dîner table d'hôte, 4 fr. — 100 lits depuis 2 fr. 50. — Pension depuis 8 fr. — **P. SIMOND**, Propriétaire.

Chamonix

CENTRAL HOTEL

De construction récente. — Très belle vue sur la chaîne du Mont-Blanc. — **Confort moderne**. — Lumière électrique. — Bains. — *Téléphone*. Arrangements depuis 7 fr. — Saison d'hiver : **Hôtel Néva**, Cannes.

J. COUTTET, Propriétaire

Chamonix

HOTEL DE L'EUROPE

En face de la poste. — Vue magnifique sur la chaine du Mont Blanc. — Lumière électrique. — Bains. — Auto-garage, etc., etc. — Cuisine très soignée. — Chambres depuis 2 fr. — Déjeuner, 2 fr. 50, Dîner, 3 fr. 50. Pension depuis 7 fr. — Téléphone 2. — *L'hiver* : **Hôtel Richemont et de Russie**, Nice (Voir annonce).

François COUTTET, Propriétaire

Chamonix

HOTEL DE PARIS

Ouvert toute l'année. — Chauffage central. — Au milieu de la ville. — Merveilleuse vue sur la chaîne du Mont-Blanc. — Salon. — Fumoir. — **Téléphone 35**. — Jardin. — Service par petites tables. — *Cuisine recommandée.* — Pension depuis 7 fr. — **H. WEISSEN-COUTTET**, **Propr.**

Chamonix

GRAND HOTEL DES ÉTRANGERS

A gauche en sortant de la gare.

Saison d'été ; saison d'hiver. — Chauffage central. — Confort moderne. — **Pension minimum. 7 francs.** — Transport gratuit des bagages aller et retour gare **TAIRRAZ**. **Propriétaire.**

Chamonix

TOURING HOTEL ET DU LOUVRE

Situation centrale. — Belle vue de la chaîne du Mont-Blanc. — *Bains.* — *Téléphone.* — Véranda — Cuisine soignée. — Pension depuis 7 fr. — *Vin et petit déjeuner du matin compris.* — Arrangements pour familles nombreuses. — **A. PERRIN-FÉLISAZ**. **Propriétaire.**

Chamonix

HOTEL PENSION BELMAT

Sur la place, près de l'église. — Vue splendide sur la chaîne du Mont-Blanc. — Petit déjeuner, 1 fr. Déjeuner, 2 fr. Dîner, 2 fr. 50. — Cuisine soignée. — Service à la carte. — Prix spéciaux pour séjour. — Bains, douches et électricité dans toutes les chambres. — Téléphone 19 — *On parle anglais, allemand, français*

Mme Caroline C. BALMAT, **Propriétaire**

CHAMONIX — ***LES TINES***

EXCELSIOR-HOTEL

Ouvert en 1906. — A 200 mètres de la gare des Tines. — Hygiène et confort moderne. — La plus belle vue de la mer de glace du Montanvert et de la chaîne du Mont-Blanc. — Hydrothérapie. — Parc avec ombrages. — *Pension depuis 6 fr.* — Réductions en juin et septembre — On n'accepte pas les malades contagieux.

Paul CHARLET, **Propriétaire**

Châtel-Guyon-les-Bains

GRAND HOTEL DU PARC ET HOTEL DES PRINCES

PREMIER ORDRE

200 chambres. — 2 ascenseurs. — Lumière électrique

Appartements complets avec salle de bains et W.-C. attenants. — Garage. — Le régime est rigoureusement observé.

Direction : **VÉDRINE Frères**

Mêmes maisons : **Royal Hôtel**, 33, avenue Friedland, Paris.

— **Grand Hôtel de la Poste**, Rouen.

Châtel-Guyon

SPLENDID HOTEL ET NOUVEL HOTEL RÉUNIS

Situation unique dans le Parc, vis-à-vis du Casino de l'Etablissement thermal. — *Restaurant à prix fixe et à la carte.* — Terrasses ombragées. — Vue splendide. — Jeux divers. — *Omnibus automobile.* — Concerts symphoniques deux fois par jour. — Garage et fosses pour autos.

Même direction que l'**Hôtel Mirabeau**, rue de la Paix, à Paris.

Châtel-Guyon

GRAND HOTEL

Premier ordre. — En face l'établissement thermal. — *Lumière électrique.* — Ascenseur. — Salles de bains. — Garage avec fosse et atelier de réparations. — **A. HABERT**, **Prop^re^**.

Châtel-Guyon-les-Bains

GRAND HOTEL BARTHÉLEMY

Dans un vaste parc ombragé. — Vue splendide, Cure d'air, Altitude 480 mètres. — Installation toute moderne. — Lawn-tennis et Jeux divers. — Auto-garage. — Pension : 8 fr., 10 fr., 12 fr. et 14 fr. — Arrangements spéciaux pour familles. — Service gratuit de voitures de l'hôtel aux Thermes. **BARTHELEMY-BITON, Propriétaire.**

Châtel-Guyon-les-Bains

HOTEL DES BRUYÈRES

ET RÉGENCE HOTEL

Maisons de famille. Premier ordre. Pension depuis 8 fr. par jour.

E. SINET

Châtel-Guyon

CONTINENTAL-HOTEL

CURE D'AIR

Attenant aux nouveaux thermes, au casino et dominant le pays tout entier

Ascenseur. — Funiculaire. — Terrasses merveilleuses à l'ombre. — *Vue splendide.* — **Vastes chambres et appartements.** — Service spécial pour régime. — **Garage.** — **Automobile gare Riom.**

BUSSIÈRE et ROCOURT, Propriétaires

Châtel-Guyon

VILLA DES HIRONDELLES

Hôtel-Restaurant. — *Avenue Baraduc.* — Chambres confortables. — Cuisine de famille. — Tables de régime. — Eclairage électrique. — Jardin. — Pension depuis 7 fr. **HÉLAS**, **Propriétaire.**

Châtel-Guyon

HOTEL DES NATIONS

Correspondant du Touring-Club. — Pension de famille. — Cuisine de régime. — Vaste jardin et terrasse. — Vue splendide. — Ameublement hygiénique. — Lumière électrique. — Garage. — *Prix très modérés. Arrangements pour familles.* — Omnibus gare de Riom. — *Téléphone.* **A. SAHUT, Propriétaire.**

Châtel-Guyon-les-Bains (Puy-de-Dôme)

HOTEL TERMINUS

Maison de famille. — Confort moderne. — Lumière électrique. — Terrasse et jardin ombragés. — Cuisine réputée et de régime. — Prix très modérés. — Arrangements pour familles. — *Omnibus à tous les trains, gare de Riom.* — *Téléphone.* — **DESMARET**, **Propriétaire.**

Châtel-Guyon-les-Bains

HOTEL-VILLA DE BOURGOGNE

Avenue Baraduc. — Premier ordre. — Situation centrale. — **Pension de famille** depuis 8 fr. — Régime rigoureusement observé. — Table d'hôte et service **par petites** tables. — Salon de lecture. — Fumoir. — Chambre noire. — Garage. — **Jardin.** — **Jeux** divers. **HABERT-DUBUET, Propriétaire.**

Châtel-Guyon

PRINTANIA HOTEL

Vue splendide. — **Cure d'air.** — A proximité du Parc. — Service par petites tables et *tables de régime.* — Cuisine très soignée. — Bains. — Electricité. — Téléphone. — Jardin. — Pension depuis 7 fr.

BRANDIBAS. ROCHE. Propriétaires

Châtel-Guyon-les-Bains

HOTEL-VILLA BON ACCUEIL

AVENUE BARADUC, près les thermes. — Maison confortable. — Cuisine soignée. — *Service par petites tables de régime.* — Electricité. — Téléphone. — Jardin. — Pension depuis 7 fr. et arrangements pour familles. — **Mme FOULTIER-VINCENT, Propriétaire.**

Cherbourg

HOTELS DE FRANCE ET DU COMMERCE RÉUNIS

41, RUE DU BASSIN. — **Le plus important de la région.** — A proximité du port et des transatlantiques. — T. C. F. — Confort moderne. — A. C. F. — Salons de famille. — Salle de fêtes de 150 couverts. — Bains dans l'hôtel. — *Omnibus à tous les trains.* — Eclairage électrique. — *Téléphone n° 24.* — *English spoken.* — *Man spricht deutsch.*

Clermont-Ferrand

HOTEL DU MIDI

En face de la gare. — Entièrement restauré. — Confort moderne. — Restaurant. — Déjeuner, 2 fr. 50 et 3 fr. — Dîner mêmes prix à la carte. — Chambres confortables de 2 à 4 fr. — Pension depuis 7 fr. 50, petit déjeuner du matin compris. — Transport des bagages gratuit. — **CORNEAU, Propriétaire.**

Clermont-Ferrand

Pâtes d'Abricots, Fruits confits d'Auvergne

Maison GAILLARD — **NOËL PRUNIÈRE.** — Médaille d'or, Diplôme d'honneur, Hors concours. — **Brevets d'invention.** — Pralines Salneuve de Randan. — *Expéditions pour tous pays.* — *Succursales :* La Bourboule, sous l'Hôtel Richelieu; Le Mont-Dore, sur le Parc et en face le Casino; Saint-Nectaire, près la Poste.

Dieppe

GRAND HOTEL

SUR LA PLAGE. — Maison de premier ordre. — Ascenseur. — *Téléphone 1-64.* — Electricité. — Bains dans l'hôtel. — 150 chambres, salon, salle à manger et terrasse dominant la mer. — Garage pour automobiles. — A.C.F. — Ateliers de réparations.

G. DUCOUDERT, Propriétaire

Dieppe

HOTEL BEAU-RIVAGE

La plus belle situation sur la plage, près la gare maritime et le Casino. — Recommandé pour son installation très moderne et son confortable. — Electricité dans toutes les chambres. — *English spoken.* — Prix modérés. — *Interprète et omnibus à tous les trains.*

C. VAN RYSSELBERGE, Propriétaire

Dieppe

HOTEL DU CHARIOT D'OR

Rue de la Barre, près du Casino

Ouvert toute l'année. — Confortable. — Installations sanitaires. — Electricité dans toutes les chambres. — Déjeuner, 2 fr. 50. — Dîner, 3 fr. 50 avec cidre. — Pension depuis 9 fr. par jour. — Arrangements pour familles. — *Téléphone : 2-07.*

Dieppe

HOTEL DES VOYAGEURS

Près de l'Hôtel de Ville et du Casino. — *Ouvert toute l'année.* — Annexe du 15 juin au 15 septembre : **HOTEL DU CASINO ET DU CYCLE** (même rue). — Journée 7 fr. 50 avec cidre et 8 fr. 50 avec vin. — Aucune surprise. **AIMÉ DAUMAS**, Propriétaire.

Dijon

HOTEL DE LA CLOCHE

Place Darcy

150 chambres et salons

Ascenseur

Chauffage central

Bains

Lumière électrique

Garage et fosse

L. GORGES, Propriétaire, *successeur de E. GOISSET*

Dinan

HOTEL DE BRETAGNE

Place Duclos. — Grande terrasse. — Café. — Restaurant. — Cave et cuisine réputées. — Table d'hôte. — Auto-garage. — Salle de bains. — Douches. — Arrangements spéciaux pour pension. — *Téléphone 2-15.* — INTERPRÈTES.

Dinard

HOTEL BELLEVUE

Entièrement neuf. — *En face le débarcadère.* — Le seul baigné par la mer. — Vue splendide et unique sur la baie, Saint-Malo, Saint-Servan et l'embouchure de la Rance. — Chambres et appartements très confortables. — Arrangements sanitaires parfaits. — Garage pour autos. — Pension depuis 8 fr. — J. RAGOT, Propriétaire.

Dinard

HOTEL PENSION ÉDEN

Boulevard Feart. — Hôtel de famille. — Ouvert toute l'année. — Situation centrale, près la plage. — Grand confortable. — Cuisine soignée. — Electricité partout. — Grand jardin ombragé. — Saison balnéaire depuis 8 fr. — Arrangements pour familles et séjour.

L'hiver depuis 5 fr. — **Jacques GOUÉ**, Propriétaire.

Dinard

VERS LA COTE D'ÉMERAUDE

DINARD, SAINT-ÉNOGAT
SAINT-LUNAIRE, SAINT-BRIAC, PARAMÉ

LOCATIONS DE VILLAS

Ventes, achats de terrains et de propriétés

Agences JOHN LE COCQ, Banquier

Jules **BOUTIN**, Dinard

EAUX-BONNES

(Basses-Pyrénées)

14 heures de Paris ; 1,5 de Pau

SAISON DU 1er JUIN AU 1er OCTOBRE

Ces eaux minérales, les plus remarquables au point de vue chimique, sont aussi les plus anciennement renommées pour le traitement du lymphatisme, de l'anémie et des débilités en général ; elles sont spéciales pour la cure *des affections chroniques de la gorge et de la poitrine* : angines, laryngites, bronchites, pleurésies, asthme, phtisie. — Climat des plus salubres. — Mesures hygiéniques parfaites. — Installation hydrothérapique. — Parc. — Belles promenades. — Grandes excursions. — Sports d'hiver. — Concours internationaux de Skis, etc., etc.

Orchestre — Casino — Théâtre — Lumière électrique

EXPORTATION : **Un million de bouteilles**

Eaux-Bonnes

MAISON TOURNÉ (et Gd Hôtel des Thermes)

Premier ordre, en face de l'Etablissement thermal, à côté du jardin Darralde et de l'église. — Grands et petits appartements avec cuisine particulière pour chacun d'eux. — Beaux salons. — Restaurant. — *Eclairage électrique.* — Pension depuis 8 fr. par jour. — TOURNÉ, Pharmacien, Propre.

Etretat

HOTEL HAUVILLE

Sur la Plage, contigu au Casino. — Maison de 1er ordre. — 120 chambres. — Restaurant-vérandas sur la mer. — Grand garage avec fosse pour 20 autos. — Boxes privées. Prix modérés. — *Téléphone.* — *English spoken.* — Omnibus aux trains.

J. MARTIN-BARRAT, Propriétaire

L'hiver à Nice : *Hôtel-Pension de France*, rue de France, 88.

Fontainebleau

HOTEL LAUNOY

Maison de famille de 1er ordre, très en réputation et très recommandée. — Clientèle d'élite. — Vue sur la façade principale du château. — *Appartements très confortables.* — Vastes salons. — Billard. — Grand jardin ombragé. — Eclairage électrique. — Garage avec fosse. — Déjeuner, 3 fr. 50 ; dîner, 4 fr. 50. — **Pension depuis 10 fr. par jour.** — Omnibus gare. — Point terminus du tramway électrique. — **LAUNOY, Propriétaire.**

Gavarnie (HAUTES-PYRÉNÉES) *Altitude 1 300 mètres*

GRAND HOTEL DE VIGNEMALE

Hôtel des Voyageurs. — Restaurant du Point de Vue de la Cascade

M. P. VERGEZ-BELLOU

Granville

GRAND HOTEL

De premier ordre, très recommandé. — Situation centrale, près de la plage. — Magnifique vue de mer. — Cuisine très soignée. — Garage et fosse. — Depuis 8 fr. 50, vin compris. — Omnibus gare et bateaux. — **A. PASQUIER, Propriétaire.**

Grasse

GRAND HOTEL VICTORIA

Entièrement neuf. — *Premier ordre.* — Plein midi. — Vue splendide. — Grand jardin. — Hydrothérapie complète. — Calorifère. — Garage pour autos. — *Cuisine française très soignée.* — Déjeuner, 4 fr. ; dîner, 5 fr. ; vin non compris ; petit déjeuner, 1 fr. 50. — Pension depuis 8 francs. — Arrangements pour familles. — **Téléphone.** — *Omnibus à tous les trains.* — **MARENCO-SICARD**, Propriétaire.

Grenoble

HOTEL MODERNE

INAUGURATION ÉTÉ 1903. — *Place Grenette* — *Place Victor-Hugo.*

Établissement de 1er ordre répondant à toutes les exigences du grand confort moderne. — 200 *chambres et salons.* — Appartements indépendants pour familles. — Chambres Touring-Club. — Ascenseurs. — *Lumière électrique.* — Chauffage dans toutes les chambres. — Bains et douches. — **Table d'hôte.** — *Restaurant de 1er ordre.* — *Prix modérés.* — Téléphone dans toutes les chambres. **Th. EBRAY**, Directeur.

Guéthary

HOTEL DE LA PLAGE

Le seul sur la mer. — *Panorama admirable et unique de la côte basque française et espagnole.* — Jardin. — Chauffage central. — Salle de bains. — Electricité. — Téléphone n° 5. — Cuisine très recommandée. — Pension l'été, depuis 8 fr. L'hiver, depuis 7 fr. — **LAFFITTE, Propriétaire**

Guéthary

HOTEL JUZAN

Superbe vue de mer et des montagnes. — Excellente maison. — *Eau de source.* — Cuisine de famille. — Appartements confortables sur la mer et au midi. — L'été, pension depuis 8 fr. ; l'hiver, depuis 7 fr., tout compris même le petit déjeuner. — Electricité. — *Tél. n° 9.* — Auto-Garage. **Vve DUHON**, Propriétaire.

Guéthary

AGENCE DU CAFÉ DE MADRID

Location de villas et appartements meublés. — Grand choix, à des prix modérés. — Vente de terrains et d'immeubles. — Renseignements gratuits. **LAVIELLE, Directeur**

Hyères

GRAND HOTEL DES ILES D'OR

La station la plus méridionale de la Côte d'Azur. — Situation la plus belle et la plus saine. — Abritée des vents du nord. — Plein midi. — **160 chambres.**

Appartements privés avec salles de bains. — Vue sur la mer, le mont des Oiseaux et les Iles d'Hyères. — Grand jardin fleuri. — Croquet — Tennis. — Golf. — Lumière électrique. — Chauffage central. — Ascenseur. — Billards français et anglais. — Salle spéciale pour thés et concerts. — Garage. — **LIPPERT et KAHL, nouv. Propr.**

En été : HOTEL ALLESAAL LANGENSCHWALBACH

Hyères

GRAND HOTEL MÉTROPOLE (Ex-Orient)

Situation exceptionnelle. — Plein midi. — Grand hall. — Concert. — *Five o'clock tea.* — *Ascenseur.* — Bains. — Calorifère. — Auto-garage avec fosse. — Pension depuis 8 fr. et arrangements pour familles.

CASTUEIL, Propriétaire

Hyères

GRIMM'S PARK HOTEL

Le plus beau et le plus grand parc dans la ville. — 1er ordre. — Plein midi. — *Tout le confort moderne.* — Pension depuis 9 francs. — Arrangements pour familles — Immense garage avec fosse.

R. GRIMM, Propriétaire.

Hyères (Var)

GRAND HOTEL DES PALMIERS

Plein midi. — Confort moderne. — Ascenseur. — Electricité. — Chauffage central. — Bains. — Billard. — Tennis, etc. — Magnifique jardin. — Pension depuis 10 fr. **BÉRENGER, Propriétaire**

En été : *Splendid Hôtel-Wimereux*, Wimereux (P.-de-C.)

Hyères

GRAND HOTEL DE L'EUROPE

En plein midi. — Vue sur les îles d'Hyères. — Pension de 6 à 9 francs. — Service par petites tables. — Hôtel recommandé tout particulièrement aux familles pour sa tenue et pour son excellente cuisine bourgeoise. — Membre du Touring-Club de France. — Auto-garage. — *Omnibus à tous les trains.* — L'été : **Grand Hôtel du Louvre** ALLEVARD-LES-BAINS (Dauphiné). — **L. VALLET-ARNOLD, Propriétaire.**

Lourdes

HOTEL DU COMMERCE

Près de la poste, à 4 minutes de la grotte par le tram. — Tout le confort moderne. — Arrangements sanitaires parfaits. — Correspondant du T. C. F. — Auto-garage. — Pension depuis 8 fr. et arrangements pour familles. — *On parle anglais et espagnol.* — Téléphone n° 26.

Madame MOURA, Propriétaire

Lourdes

HOTEL DE L'UNIVERS

Arqué Nicolas, Propriétaire. — Boulevard de la Grotte, 14. — A proximité de la Chapelle. — Recommandé au clergé et aux familles. — Confort moderne et hygiénique. — Vastes appartements pour familles. — Service par petites tables. — Jardin d'agrément avec terrasses d'où l'on jouit d'une vue splendide sur les Pyrénées. — **Prix par jour : 8 fr. tout compris.** — Auto-garage. Electricité. Omnibus gare. — Se méfier des pisteurs.

Lourdes.

GRAND HOTEL BEAU-SÉJOUR

En face de la gare. — Vue merveilleuse sur les Pyrénées. — Chambres T. C. très confortables. — Cuisine soignée. — Magnifique terrasse ombragée. — Eclairage électrique. — Téléphone 18. — Auto-garage. — Pension depuis 8 fr. et arrangements pour familles. — **CAMPS-PEYROUZA, Propriétaire.**

Lourdes.

GRAND HOTEL ROYAL

DE PREMIER ORDRE et le seul le plus près de la Grotte et de la Basilique. — Vue incomparable des processions et cérémonies religieuses « A une minute de la Grotte et de la Basilique. » — Lumière électrique et chauffage dans toutes les chambres. — Cuisine soignée. — Arrangements pour séjour. — *Auto-garage avec fosse.* — English spoken. — Se habla español. — Man spricht deutsch. — **L. ROSS, Propriétaire.**

Lourdes.

NOUVEL HOTEL ET SAINT-LOUIS DE FRANCE

A proximité de la Grotte.

Vue splendide sur le Gave et les montagnes. — Confort moderne. — Bains. — Electricité. — Ascenseur. — Prix modérés.

Mlle JACOB, Propriétaire, Mme BRUNON, successeur, Membre de l'Union fraternelle catholique.

Lourdes

VILLA ESPERANCE

Pension de famille. — Près de l'hôpital des Sept-Douleurs, à 5 minutes de la Grotte. — Tramway station, Pont-Vieux. — *Ravissante situation aux bords du Gave.* — *Jardin très ombragé.* — Appartements confortablement meublés. — Cuisine soignée. — *Pension depuis 7 fr. par jour.* — **H. DABAT, Propriétaire**

Lourdes

HOTEL SAINT-SAUVEUR

(à une minute de la Grotte)

On y est comme chez soi. — Avec tout le confort possible. — Lumière électrique. — Omnibus à tous les trains. — Pension depuis 8 fr. — *Arrangements pour familles.*

M. et Mme Pierre GIRET, Propriétaires

Luz-Saint-Sauveur

GRAND HOTEL DE L'UNIVERS

Ouvert toute l'année. — Sports d'hiver. — Vue splendide. — Maison de premier ordre très réputée. — Restaurant. — Bains. — Electricité. — Garage pour autos. — *Correspondant du T. C. F. et du C. A. F. Pension depuis 8 francs.* — Télép. 8.

Albert PAYOTTE, Propriétaire.

Luz-Saint-Sauveur

HOTEL DE LONDRES

Le plus près de la gare et du bureau des voitures de correspondance pour Gavarnie. — Téléphone nº 9. — Pension depuis 8 fr. — Garage pour autos. — *Succursale à Gavarnie : Hôtel du Point-de-Vue-du-Marboré.*

Dominique POUEY, Propriétaire.

Luz-Saint-Sauveur (lès Bains)

GRAND HOTEL DE FRANCE

Maison de famille de premier ordre. — Vue splendide. — Restaurant. — Auto-garage avec fosse. — *English spoken. — Man spricht deutsch. Si parla italiano.* — Pension depuis 8 fr. — Chambres depuis 2 fr. 50. — Départ des voitures pour Gavarnie.

W. KUSS, Propriétaire

Luz-Saint-Sauveur (HAUTES-PYRÉNÉES)

HOTEL PINTAT

DES BAINS ET DES PRINCES REUNIS

« Partir est un destin funeste,
Si j'étais chef d'un grand Etat
J'aurais pour cuisinier **PINTAT**
Et je me ficherais du reste. »

ARMAND SILVESTRE.

Premier ordre. — Ouvert toute l'année. — Près les Thermes. — Ch. Touring-Club. — Nouvelle installation d'un magnifique restaurant avec terrasse dominant la vallée à 60 m. au-dessus du Gave. Point de vue unique. Pension de 8 à 15 fr. — **PINTAT, Propriétaire.**

Lyon

LE GRAND HOTEL

16, rue de la République.

Entièrement moderne. — Le restaurant du Grand-Hôtel est le rendez-vous de la meilleure société. — **J. DUFOUR, directeur.**

Précédemment : Aix-les-Bains. Hôtel Régina-Bernascon.

Lyon

GRAND NOUVEL HOTEL

Maison de premier ordre, entièrement moderne. — Garage pour autos dans l'hotel. — **J. DUCHER.**

Lyon

HOTEL D'ANGLETERRE

Place Carnot, 21 et 22. *De premier ordre.* — Entièrement remis à neuf. — Chauffage central. — Electricité. — Arrangements sanitaires. — Ascenseur. — Grand garage avec fosse et atelier de réparations. — Pension depuis 9 fr. — Arrangements pour familles. — Recommandé par le T. C. F. — English spoken. — Man spricht deutsch. — Si parla italiano. — **E. VRAY, Propriétaire.**

Macon

TERMINUS HOTEL

Hôtel de premier ordre. — Le plus fréquenté par les familles et les touristes. — Garçon de l'hôtel à tous les trains pour les bagages. — Salon de lecture. — Café. — Excellente cuisine. — Garage moderne et essence pour automobiles. — Correspondant de l'A. C. F. — **G. DUPANLOUP, Propriétaire.**

MARSEILLE. — Notre-Dame-de-la-Garde.

Néris

GRAND HOTEL DUMOULIN

DE TOUT PREMIER ORDRE

EN FACE DES THERMES

Villas pour familles

Garage pour autos — Électricité

Omnibus à tous les trains

Néris-les-Bains (ALLIER)

GRAND HOTEL DE PARIS

Établissement de premier ordre. — Situé en face de l'établissement thermal. — Pavillon et villa avec vaste terrasse bien ombragée, face le parc et le Casino. — **Excellente cuisine sous la direction du propriétaire.** — Arrangements pour familles. — Auto-garage fermé avec fosse. — Electricité dans toutes les chambres. — **Omnibus à tous les trains.** — Téléphone 6. — *A. C. F.*

Néris-les-Bains

GRAND HOTEL DE LA PROMENADE

DE TOUT PREMIER ORDRE

Spécialement aménagé avec tout le confort moderne. — Cuisine sans rivale. — Caves de premier ordre. — Tennis. — Garage pour autos. — Omnibus à la gare. — **Parc des Rivalles** « *annexe de l'hôtel* ». — Cure d'air — Splendide propriété de 4 hectares. — Villas et pavillons meublés

---

Néris-les-Bains

GRANDS HOTELS ROCHETTE ET DE FRANCE

MAISON DE PREMIER ORDRE

Sur le Parc, en face de l'Etablissement thermal. — Vaste jardin d'agrément. — Villas indépendantes. — Table d'hôte et service par petites tables. — Cuisine très soignée sous la direction du propriétaire. — Omnibus à tous les trains à la gare du Chamblet-Néris. — Auto-garage. Fosse. — Electricité partout. — *Téléphone n° 8.*

PRÉVOST, Propriétaire

Néris-les-Bains

GRAND HOTEL DU JARDIN

PREMIER ORDRE

Très belle situation sur le parc de l'Établissement thermal et du Casino. — **Confort moderne.** — Lumière électrique dans toutes les chambres. — Téléphone. — **Excellente table sous la direction du propriétaire, chef de cuisine.** — Arrangements pour familles depuis 8 fr. — Jardin attenant à l'hôtel avec vaste garage et fosse. — Omnibus à tous les trains. — **J. AUTISSIER, Propriétaire.**

NICE CIMIEZ

Excelsior Hôtel Regina

Inauguré par S. M. la Reine d'Angleterre

Tramways électriques très fréquents pour centre de Nice

De tout premier ordre. — Plein midi. — Situation hygiénique parfaite. Vue splendide. Lumière électrique dans tout l'hôtel. — Chauffage à la vapeur. — 4 Ascenseurs électriques. — *Table d'hôte par petites tables.* — GRAND RESTAURANT A LA CARTE. — Nourriture *saine et soignée.* — *Concerts tous les jours de 3 heures à 5 heures et de 7 h. 1/2 à 9 h. 1/2.* — Arrangements pour long séjour.

Nice

HOTEL-PENSION SUISSE

Maison suisse renommée. — **Premier ordre.** — Situation magnifique sur le bord de la mer. — Vue splendide. — Jardin. — Bains. — Calorifère. — Téléphone. — *Lumière électrique*. — Ascenseur. — Arrangements pour familles, depuis 9 fr. — Chauffage central à eau chaude partout. — **J.-P. HUG, Propriétaire.**

Nice

HOTEL NATIONAL

Avenue de la Gare, près la gare. — Dernier confort. — Chauffage central. — Ascenseur. — Électricité. — **Pension depuis 10 fr.** — Hôtel ouvert toute l'année. — **E. BESSNER, nouveau propriétaire.**

Nice

GRANDE PENSION DE FRANCE

Rue de France, 33, près de la promenade des Anglais. Premier ordre. — Plein midi. — Grand jardin. — Bains. — Lumière électrique. — Chauffage central. — Cuisine très soignée. — Pension de 8 à 12 fr. — *English spoken. Man spricht deutsch.* — Auto-garage gratuit. — Ascenseur. — *L'été à Etretat* : **Hôtel Hauville**

Nice

Hôtel du Tzaréwitch

Boulevard du Tzaréwitch

Chauffage central dans toutes les chambres

Vue sur la mer Prix très modérés

A cinq minutes du centre, par le tramway.

Entièrement meublé à neuf. — Situation hygiénique parfaite. Parc privé de 22 000 mètres. — Eau de source sur la Propriété. Garage pour autos. — Panorama idéal.

S. LE BROCQ, Propriétaire

Nice

Grand Nouvel Hôtel

MEUBLÉ

Boulevard Victor-Hugo, 19bis

Chauffage central à eau chaude dans toutes les chambres

SALLE DE BAINS — ASCENSEUR

M. RONDET, Propriétaire

Nice

HOTEL RICHEMOND ET DE RUSSIE

Avenue Durante, 11 *(près de la gare)*. — *Ouvert du 15 octobre au 15 juin.* — Plein midi. — Confort moderne. — Bains. — Electricité. — *Chauffage central à eau chaude partout.* — Ascenseur électrique. — Grands jardin et parc. — Garage pour autos. — **Pension depuis 8 fr. 50** et arrangements pour familles. — L'été : *Hôtel de l'Europe*, Chamonix (V. Annonce). — **François COUTTET, Nouveau propriétaire.**

Nice

HOTEL DE BADE et O'CONNOR

Rue Cotta, 33, 35, 37, angle rue Congrès. — Ouvert toute l'année. — Hôtel de famille. — Plein midi et plein centre sur jardin et près la mer. — Dernier confort. — Appartements avec bains. — Chauffage à eau chaude partout. — Ascenseur. — Pension depuis **10** fr. — **A. GIRAUDY et J. F. WALTHER,** Propriétaires.

Nice

OSTEND HOTEL

EX-HOTEL RAISSAN

Rue de la Paix, 18 et 20. — Plein centre et plein midi. — Jardins. — Confort moderne. — Appartements avec salles de bains. — Chauffage central. — Ascenseur. — Garage. — *Pension depuis 10 francs.*

Saison d'été : *Impérial Hôtel*, Ostende. **F. et C. FRIEDRICH.**

Nice

BRITANNIA et STANISLAS HOTEL

Boul. Victor-Hugo, 17, près l'avenue de la Gare. — Ouvert toute l'année. — Installation entièrement neuve et selon le dernier confort. — Chauffage central. — Bains — Ascenseur. — Téléphone. — Lumière électrique. — Jardin. — Pension depuis 10 fr. et arrangement pour familles et long séjour. — **Mesdames OLIVIER,** Propriétaires

Nice

HOTEL DU PAVILLON

Boulevard Dubouchage, 26

Complètement remis à neuf. — Situation en plein midi, avec jardin. — Au centre de la ville, près des Casinos. — Confort moderne. — Prix modérés. — Arrangements pour familles. — **J. DEVISSI, Propriétaire.**

Nice

HOTEL SAINT-GEORGES

Rue de la Paix, 7,

Sur jardin. — Plein midi. — Confort moderne. — Pension depuis 8 francs par jour et arrangements pour familles. — Service par petites tables. — **ARBET, Propriétaire.**

Nice

HOTEL DES NATIONS

FACE SORTIE GARE P.-L.-M.

Plein midi. — Jardin. — Pension pour familles. — Prix très modérés. — Complètement remis à neuf — Salle de bains. — Lumière électrique. — Téléphone. — **A. ERNÉ, Nouveau Propriétaire.**

Nice

HOTEL RICHELIEU

Ouvert toute l'année. — *Rue Assalit,* 30, près de la gare, à deux minutes. — *Transport des bagages gratuit aller et retour.* — Plein midi. — Installation moderne. — Bains. — Electricité. — Cuisine très soignée. — Pension depuis 8 fr., vin compris et arrangements pour familles. — Chambres depuis 2 fr. 50. — Jardin. — Garage.

Paul RICHARD, Nouveau Propriétaire.

Nice

GRAND HOTEL NOAILLES

Près la gare. — Ouvert toute l'année. — Le plus vaste des Hôtels meublés du littoral. — 150 chambres. — Chauffage central. — Dernier confort moderne. — Prix modérés. — Petits déjeuners. — *Inauguré le 1er juin 1908.* — **RAYNAL-VENTRE, Directeur.**

Nice

CH. JOUGLA

JOUGLA Fils et PAYEN successeurs

Rue Gioffredo, 55 (Place Masséna)

Agence fondée en 1855 et depuis fonctionnant à Nice, sans interruption.

Location de villas et d'appartements. — Propriétés d'agrément, hôtels et pensions à vendre, à Nice et sur le littoral. — Renseignements précis et gratuits aux lecteurs des *Guides Joanne.* — La plus ancienne agence et la mieux réputée. — *Adr. télég. Jougla-Payen, Nice.*

Nice

AGENCE E. CAMOIN

21, avenue de la Gare, 21

Location de villas et appartements. — Vente de villas, terrains, propriétés. — Correspondants dans toutes les grandes villes. — **Téléphone 3-82.** — *English spoken.* — *Man spricht deutsch.*

Nice

AGENCE CORRAS-JOUGLA

Renseignements gratuits. — Location de villas et appartements. — Vente et achat d'immeubles — Fonds de commerce. — Mobiliers. — *Formalités de douane, de régie et d'octroi.* — Service de bagages. — Commission. — Consignation. — 16, rue Cotta. — *Téléphone* 14-32.

Nice

AGENCES COSMOPOLITE ET MÉDITERRANÉE

Rue de l'Hôtel-des-Postes, 17

Location de villas et appartements. — Gérance et vente d'immeubles, hôtels et fonds de commerce.

MATHIEU, Docteur en droit

Nîmes

Grand Hôtel du Midi et de la Poste

1er ordre. — Le plus confortable de la région, remis à neuf. — *Chauffage central.* — Recommandé aux familles, à MM. les touristes et à MM. les voyageurs. — Appartements, belles chambres et salons. Chambre noire photo. — Electricité. — W.-C. à chasse. — Téléphone. — Table d'hôte et restaurant. — Cuisine et cave renommées. — Correspondant du Touring-Club Français et Automobile-Club. — Omnibus gare. — Prix modérés.

A. RUC, propriétaire

Nîmes

Grand Hôtel du Luxembourg

CHANGEMENT DE PROPRIÉTAIRE.

De premier ordre. — La plus belle situation sur l'Esplanade, près des Arènes. — Confortable moderne. — Vaste hall. — Arrangements sanitaires. — Bains. — Electricité. — Garage. — Tickets office. — Cuisine très recommandée. — *English spoken.* — *Man spricht deutsch.*

AURIC, Propriétaire

Nîmes

MODERN HOTEL

Avenue Feuchères, 11

En face de la Préfecture. — A 100 mètres à droite de la gare. — Entièrement neuf et moderne. — Chambres au ripolin. Touring-Club, avec eau dans les lavabos. — Chauffage par radiateur partout. — Bains. — Electricité. — Sanitary arrangement. — Téléphone 3.38. — Garage. — Transport des bagages gratuit à l'arrivée et au départ. — Prix : 7 fr. par jour

R. CHARRE, Propriétaire

Nîmes

Grand Hôtel de l'Europe et de Provence

Attenant au Bureau central des Postes

Square de la Couronne

Grand confort. — Lumière électrique. — Très bonne cuisine recommandée. — Cave renommée et primée. — *Omnibus à tous les trains.*

GAY, ex-chef de cuisine du *Royal-Hôtel*, à Paris.

Pau

GRAND HOTEL GASSION

OUVERT TOUTE L'ANNÉE

Entièrement remis à neuf. — Situation unique au midi sur le Boulevard des Pyrénées. — Appartements avec bains. — Luxe, confort, hygiène moderne. — Ascenseur, Téléphone, garage, jardin d'hiver. — Arrangements, pension pour séjour.
A. MEILLON, Propriétaire de l'*Hôtel d'Angleterre*, à *Cauterets*.

Pau

HOTEL DE FRANCE

Place Royale et Boulevard des Pyrénées

Entièrement reconstruit. — Clientèle de grandes familles

Remeublé par la Maison Maple et Co. — Magnifiques hall et salons. — Appartements et chambres avec salle de bains. — Vue incomparable sur les Pyrénées. — Ascenseurs électriques. — Garage moderne et gratuit. — Le Grand restaurant, à l'instar des meilleurs de Paris, est ouvert toute l'année. — Chauffage à vapeur dans toutes les chambres.

F. CAMPAGNE, nouveau Propriétaire

Pau

GRAND HOTEL DE LA PAIX

Place Royale. — La plus belle situation. — Entièrement remis à neuf. — Grand confortable. — Eclairage électrique. — Bains. — *Chauffage central dans* **toutes** *les chambres.* — *Téléphone.* — *Ascenseur.* — *Restaurant.* — Pension depuis 9 fr. et arrangements pour familles. — Correspondant du T. C. F. — *Omnibus à tous les trains.* — **BERNIS**, Propriétaire.

Pau

GRAND HOTEL DE LA POSTE

Place Grammont. — Situation près le château et les promenades. — Grand confortable. — Electricité. — Téléphone. — Bains. — Ascenseur. — *Auto-garage.* — Cuisine et cave recommandées. — Pension depuis 9 fr. par jour. — **Arrangements pour familles.** — *English spoken.* — *Se habla espanol.* — Corresp. du T.C.F. — Omnibus gare. — **DABBADIE, propriétaire.**

Pau

HOTEL HENRI IV

Situation centrale, près la Poste et le Palais d'hiver. — Lumière électrique. — Cuisine et cave renommées. — Pension depuis 8 francs. — Arrangements pour familles. — *English spoken.* — *Se habla espanol.* — Omnibus à tous les trains. — **GALY, Propriétaire.**

Pau

HOTEL DU BOULEVARD

Rue Porteneuve, 25 et 27

Près du Palais d'Hiver, dans le plus beau quartier. — Ouvert toute l'année. — Plein midi. — Appartements et chambres confortables avec balcon. — Jardin. — Electricité. — Téléphone. — Bains. — Cuisine *très soignée.* — Pension depuis 8 fr. — *Se habla espanol.* — **Mlles BONNEHON**, Propriétaires de la **Maison Pimorin, Cauterets.**

Pau

Hôtel du Midi et Maison Dorée Réunis

Cuisine, cave et service de 1er ordre. — Salle de bains. — Electricité. — Téléphone. — **Genre Duval, seul à Pau.** — **Repas à 2 fr.** — **Journée depuis 6 fr.** — Le tramway de la gare descend les voyageurs devant l'hôtel. — **Charles GROS, Propriétaire.**

Pau

GRAND HOTEL DU COMMERCE

Rue de la Préfecture, 9

Situation centrale, près de la Place Royale et du Palais d'Hiver. — Entièrement remis à neuf. — Confort moderne. — Electricité. — Téléphone. — Garage. — Cuisine et cave recommandées. — Pension depuis 8 fr. — Omnibus gare.

LACOUETTE, Propriétaire, ancien chef de l'Hôtel de France.

Pau

PENSION PORTE NEUVE

18, Avenue Thiers

Maison de famille de premier ordre. — Confort moderne. — Eclairage électrique. — Chauffage. — Eau chaude dans toutes les chambres. — Salle de bains. — Grand jardin. — Garage. — Téléphone 3.01. — Prix modérés. — English spoken.

Succursale : **Villa Bordes**, Salies-de-Béarn. — **A. SIMON**, Propriétaire.

Pau

HOTEL BRISTOL

Ouvert toute l'année. — Au centre de la ville, près la Poste, le boulevard du Midi et le Palais d'Hiver. — Installation nouvelle et confortable. — Hydrothérapie. — Jardin. — Garage. — Tél 2.98. — English spoken. — Se habla español. — Pension depuis 8 fr. — Même Maison Cauterets, 33, *rue de la Raillère.* — **RAYMOND-COUTURE, Propriétaire.**

Pau

NOTRE-DAME

Pension de famille. — 36, rue Montpensier. — Maison tranquille. — Appartements et chambres confortables. — Oratoire dans la maison. — Arrêt du tramway devant le jardin. — Electricité. — Pension depuis 7 fr. par jour — Se habla español. — English spoken. — **AMIEL, Propre.**

Perpignan

GRAND HOTEL

Quai Sadi-Carnot, près de la Préfecture et de la Poste. De tout premier ordre. — Hall superbe. — Ascenseur. — Bains. — Téléphone. — Electricité partout. — Arrangements sanitaires parfaits.

Cuisine et cave spécialement recommandées. — Prix modérés.

Eugène CASTEL, Propriétaire

Plombières-les-Bains

HOTEL METROPOLE

Téléphone 18. — Premier ordre, entre le Parc et les Thermes. — Salles de bains à tous les étages, eau chaude et froide. — Lumière électrique. — Ascenseur. — Auto-garage. — Tables de régime. — Vastes jardins. — *Les Villas du Parc* (Annexes). — BAUDOT, Propriétaire.

Poitiers

GRAND HOTEL DE FRANCE

Le plus central et particulièrement recommandé. — Confort moderne. — Cuisine et cave réputées. — Electricité. — Téléphone. — Garage fermé, avec fosses, pour autos. — Chauffage central. — Prix modérés. — *English spoken.* — *Man spricht deutsch.* — A. C. F., T. C. F. — Omnibus de la ville. — Spécialité de volailles et de pâtés truffés. — ROBLIN-BOUCHARDEAU, Propriétaire.

PRÉCHACQ-LES-BAINS

(LANDES)

ÉTABLISSEMENT OUVERT

Du 1er mai au 20 octobre, desservi par la gare de Laluque

Eaux et Boues végéto-minérales similaires à celles de Dax.

Rhumatismes, arthrites, névralgies, névroses, affections utérines, anémie.

Eaux sulfureuses. — Maladies des voies respiratoires, de la peau, du tube digestif.

Prix de la pension : 1re classe, 8 fr. ; 2e classe, 5 fr. 50 par jour et par personne, tout compris : logement, linge, nourriture, traitement balnéaire, service, éclairage.

Pour renseignements, s'adresser au Directeur

Rennes

HOTEL CONTINENTAL

Quai Lamartine et rue d'Orléans

De premier ordre. — Central, et dans le plus beau quartier. — Garage pour autos. — Chambre noire. — Grand confortable. — Grand estaminet. — *Omnibus à la gare.* — **Pierre DIOTEL, Propriétaire**

Rouen

GRAND HOTEL DU NORD

Rue de la Grosse-Horloge, 91

Le plus central. — Éclairage électrique. — Chauffage central.

M. LIEUBRAY, Propriétaire. Tél. 5.50

Royan

GRAND HOTEL DE BORDEAUX

Ouvert du 1er mars au 1er novembre

RESTAURANT A LA CARTE

Magnifique vue de mer. — Jardin

GRAND HOTEL DE L'EUROPE

à Pontaillac

Situation merveilleuse sur la mer, avec jardin de 6 000 mètres. Les deux hôtels sont de tout premier ordre et sous la même direction.

Royan

LE GRAND-HOTEL

Au Parc. — Le seul donnant sur la Grande Plage. — Agrandissement considérable. — 150 chambres. — Salle de bains. — Magnifique terrasse sur la mer. Grand jardin dans les Pins. — Appartements pour familles. — Maison de premier ordre. — Ouvert du 1er mars au 1er novembre. — *English spoken. — Se habla espanol. — Omnibus de l'hôtel à tous les trains. — Téléphone. — Garage pour automobiles.*

Royan

FAMILY-HOTEL

Agrandissements considérables et installation moderne. — En face la Grande Plage, à l'entrée du Parc. — La plus belle situation de Royan. — Très recommandé pour le confortable de ses chambres et sa *cuisine très soignée.* — Téléphone. — Bains. — Garage. — Pension depuis **8 francs** par jour, excepté le mois d'août, petit déjeuner, vin, service tout compris. — Prix spéciaux et très modérés pour l'hiver. — **Vve PINSON**, Propr

---

Royan

HOTEL DU LOUVRE

Boulevard Botton, 10, et rue des Bains. — En face la plage et près des deux Casinos. — Installation moderne. — Chambres très confortables. — Se recommande pour sa cuisine de famille. — Prix : Pension depuis 8 fr. sauf en août. — Arrangements avantageux pour familles. — Garage pour automobiles.

Madame Vve DIAS, Propriétaire.

Royan-Pontaillac

NOUVEL HOTEL DE LA PLAGE

Ouvert toute l'année. — Entièrement neuf. — Vue superbe de la haute mer. — Chambres très confortables éclairées à l'électricité. — Cuisine très soignée. — Pension depuis 7 fr., *vin, petit déjeuner et service tout compris,* sauf le mois d'août. — **Arrangements pour familles.**

BLANCHARD, Propriétaire.

Royan-Saint-Géorges-de-Didonne

GRAND HOTEL DE L'OCÉAN

Sur la Plage. — *Ouvert toute l'année.* — Chambres confortables. — Table d'hôte. — Restaurant. — Cuisine très soignée. — *Pension depuis 7 fr. par jour, vin, petit déjeuner, service tout compris et arrangements pour familles.* — Garage pour autos. — *Agence de location.* — Omnibus à tous les trains. — **A. LACAGE**, Propr.

Royan

AGENCE DEVEAUD

31, rue Gambetta. — Location de villas et d'appartements. — Pour l'été : *à Saint-Georges-de-Didonne, Royan, Pontaillac et le Bureau-Saint-Palais.* — Grand choix. — Pour l'hiver : *au Parc et à l'Oasis.* — Ventes et achats d'immeubles.
Renseignements gratuits aux clients des Guides Joanne. — Téléphone 0.23.

Royat-les-Bains

GRAND-HOTEL

Le plus important, situé près de l'Etablissement. — Vaste parc. — Salles de bains privées. — *Ascenseur.*
Perfect sanitary arrangements. — **SERVANT**, Propr.

Royat-les-Bains

CASTEL-HOTEL

Ouvert du 15 mai au 15 octobre. — Maison de premier ordre, *attenant au Parc de l'Etablissement.* — Table d'hôte et salle de restaurant. — Lumière électrique. — Téléphone. — Ascenseur. — Garage. — Pension en juin et septembre depuis 9 fr. — Arrangements pour familles. — **HERPIN**, Propriétaire,

---

Royat-les-Bains

ROYAT-PALACE

En face le parc et l'établissement. — Construit en 1909
Hôtel des plus modernes. — Toutes les chambres avec eau chaude et froide. — Salles de bains. — **Jos. AGID, Directeur.**

Royat

GRAND HOTEL DE LYON

Dans la plus belle situation, avec tout le confort moderne. — *Vue splendide sur toute la vallée.* — Hall. — Salle de bains. — Electricité. — Terrasse. — Jardin. — Garage. — *Pension depuis 8 fr. et réduction de 10 0/0 aux clients des Guides Joanne,* qui avertissent de leur arrivée. — Téléphone 0.12. — **DELAVAL,** Propriétaire.

Royat

HOTEL VICTORIA ET DE NICE

Près de l'Etablissement. — Vue sur le parc. — Recommandé aux familles pour son grand confortable et sa cuisine très soignée. — *Prix depuis 7 fr. 50 par jour, tout compris,* même le petit déjeuner du matin. — Arrangements pour familles avec enfants. — **GIDON-HUGUET**, Propr.

Royat

HOTEL DE LA PAIX

Près des Bains. — Deux façades bien exposées, l'une sur le boulevard Bazin, l'autre sur le vaste jardin ombragé de l'hôtel. — Maison de famille, se recommande par sa cuisine soignée et ses vins de premier choix provenant des propriétés de la maison. — Pension de 6 à 9 fr. par jour. — Restaurant. — Téléphone 1.23.

Dirigé par Madame **PRADET**, Propriétaire.

Royat

GRAND HOTEL RICHELIEU

Vue et entrée particulière sur le parc.— Entièrement meublé à neuf.— Confort moderne. — Ascenseur.— Lumière électrique. — Téléphone.— Garage. — *Pension depuis 8 fr. et arrangements pour familles nombreuses.* — Correspondant du T.C.F.— Autobus gare.— **J. LÉCOLIER**, Propr.

Royat

VILLA DE FLORE

Premier ordre.— Situation magnifique au milieu d'un parc privé de 3000 m.c., près l'Etablissement thermal.— *Installation des plus modernes, chambres avec toilette, bains.*— Téléphone.— Garage nouvellement aménagé en 1910.— Pension à partir de 8 fr. par jour.— **BOUCHET**, Prop.

LE NICE HAVRAIS

CRÉATION

DUFAYEL

à SAINTE-ADRESSE (Le Havre)

Habitable toute l'année

Grand Hôtel des Régates

Confort moderne

CAFÉS, BRASSERIES, RESTAURANTS

à prix fixe et à la carte

Nombreux Tramways Électriques

Beaulieu Saint-Jean-Cap-Ferrat

PANORAMA PALACE

200 chambres et salons. — Belle situation. — Plein midi. — Grand parc et terrasse sur la mer. — Chauffage central. — Lumière électrique. — Ascenseur. — Lawn-tennis. — Croquet et jeux divers. — Hydrothérapie complète. — Bains turcs. — Bains d'eau de mer chauds et froids. — Pension depuis 10 fr. **V. CLÉRISSI**, Propriétaire

---

Saint-Jean-de-Luz

GRAND HOTEL DE LA POSTE

Exposition midi et nord. — Belle vue des Pyrénées. — Chauffage à vapeur. — Lumière électrique. — Salle de bains. — Magnifique jardin devant l'hôtel. — Pension, l'hiver depuis 8 fr. et l'été depuis 9 fr., tout compris. **Mlle A. Dumas**, Propr.

Saint-Jean-de-Luz

GRAND HOTEL D'ANGLETERRE

De tout premier ordre, ouvert toute l'année. — **Agrandi et entièrement remis à neuf.** — Electricité. — Ascenseur. — Salles de Bains. — Garage. — *Hôtel de la Plage* (annexe de l'Hôtel d'Angleterre). — Prix modérés. — **C. Monin**, Propr.

Saint-Jean-de-Luz

GOLF-HOTEL BEAU-RIVAGE 1er ordre

Merveilleuse situation sur la plage, avec panorama des Pyrénées. — Grands jardins. — Tennis. — Dans toutes les chambres, cabinet de toilette avec lavabos à eau chaude et froide et chauffage à vapeur. — 15 salles de bains. — Garage. — Ascenseur. — Electricité. — *Tél. 0.40.* — *Fire Proof.* — Pension pour séjour depuis 11 fr. — **Léon FOURNEAU.**

Saint-Jean-de-Luz

MODERN HOTEL

(TERMINUS PLAGE)

Situation incomparable au centre de la Baie et à côté des Bains.

Panorama splendide sur l'océan et les Pyrénées. — Eau chaude et froide dans toutes les chambres. — Chambres avec cabinet de toilette et W.-C. privés. — Chambres avec vérandas sur la mer. — Grands et petits appartements avec salon et salles de bains pour familles. — Arrangements amiables. — Electricité. — Chauffage. — Ascenseur. — Garage. — Plans des chambres et appartements sur demande. — S'adresser au propriétaire.

Saint-Jean-de-Luz.

HOTEL DE FRANCE

Boulevard des Pyrénées, presque en face la gare. — Chambres confortables. — Bains. — Douches. — Téléphone. — Pension depuis 7 fr., tout compris. — Restaurant. — Déjeuner, 2 fr. 50. — Dîner, 3 fr. avec vin. — Service à la carte. — **GÉLOS**, propriétaire.

Saint-Jean-Pied-de-Port

CENTRAL HOTEL

Situé sur les bords de la Nive, en face de la cascade. — A.C.F., T.C.F., A.G.A. — Modern confort. — Salon particulier. — Lumière électrique. — Chambre noire. — Diplômé au concours du *Bon Hôtelier.* — Pension 7 fr. par jour. — **Téléphone: 8.** — **CADIOU**, Propriétaire.

Saint-Malo

Grand Hôtel de France et de Chateaubriand

Place Chateaubriand, à l'entrée de la plage.

Ouvert du 1er avril à fin octobre. — Vue sur la mer. — De tout premier ordre. — Exclusivement fréquenté par les familles soucieuses du bien-être et de la bonne tenue. — 135 chambres. — Salles de bains. — Eclairage électrique. — Installation sanitaire. — **Bains.** — Chambre noire. — Interprète. — Auto-garage A. C. F., C. T. C. — **Prix de pension : 10 à 15 fr.** — Même direction : **Restaurant Continental**, ouvert seulement en juillet, août et septembre. — En face l'entrée de la plage. — Service à la carte de 1er ordre.

Saint-Malo

GRAND HOTEL FRANKLIN

LE SEUL FACE A LA MER

Grand confort moderne. — *Téléphone 1-12.* — Salles de bains. — Électricité. — Auto-garage, fosses, outillage complet. — *Prix très modérés* avant et après saison. — Ouvert du 1er avril au 30 septembre.

Saint-Malo

Grand Hôtel du Centre et de la Paix

Rue Saint-Thomas, 6 (près la plage). — Ouvert toute l'année. — Très confortable comme chambres et appartements. — **Spécialement recommandé pour sa fine cuisine.** — Prix, depuis 8 fr. 50, et arrangements pour familles et pour séjour. — Correspondant du T.C.F. — *Omnibus à la gare.* — **PORTIER, Propriétaire.**

Saint-Raphaël

HOTEL BEAU-RIVAGE

PREMIER ORDRE

Magnifiquement situé plein midi avec grand jardin terrasse sur la mer. — Chauffage central dans toutes les chambres. — *Lumière électrique.*

Grand confort

ASCENSEUR — GARAGE

BRUNET, propriétaire

Salies-de-Béarn (Basses-Pyrénées)

Deux hôtels de tout premier ordre, médaillés et diplômés par le Touring-Club et l'Automobile-Club de France

1° **Le Grand Hôtel du Parc et de l'Établissement thermal,** attenant aux bains et aux douches. — Eclairage électrique. — Téléphone n° 2. Seul hôtel ayant eau chaude et froide dans les chambres. — Chauffage central à eau chaude. — Appartements privés avec salles de bains et water-closets. — Ascenseur.

2° **Le Grand Hôtel de France et d'Angleterre** — Situation élevée. — Voiture gratis pour les bains. — Eclairage électrique. — Téléph. n° 7. — Ascenseur.

GRANER, Propriétaire.

Salies-de-Béarn (Basses-Pyrénées)

MAISON COUSTÈRE

PENSION DE FAMILLE

Appartements meublés — Cuisines particulières — Eau de la ville

Jardin — Prix modérés

Salins-du-Jura

Dans le Parc de l'Établissement thermal

GRAND HOTEL DES BAINS

PREMIER ORDRE — CONFORT MODERNE

OMNIBUS A TOUS LES TRAINS

Saujon (CHARENTE-INFÉRIEURE)

GRAND ÉTABLISSEMENT THERMAL

Villégiature médicale, dans laquelle les malades peuvent s'isoler ou vivre en famille, *avec une direction médicale constante.*

Maladies nerveuses. — Maladies d'estomac. — Rhumatismes.

HYDROTHÉRAPIE — MASSAGE — ÉLECTROTHÉRAPIE

Saujon

VILLA DU PARC

Maison spéciale pour les personnes en traitement à l'Établissement thermal et pour leur famille

Saison du 1er mai au 1er novembre. — Installation confortable. — Lumière électrique. — Téléphone n° 15. — A proximité de l'Établissement et du Parc. — Arrangements pour longs séjours.

Tamaris-sur-Mer

GRAND HOTEL DES TAMARIS

Ouvert toute l'année. — **Premier ordre.** — Au bord de la mer et au milieu d'un magnifique parc. — Bains chauds, froids, d'eau douce et de mer. — Electricité. — Téléphone 10. — Service par petites tables. — Voitures d'excursions et bateaux de plaisance. — Garage avec fosse. — Omnibus et voitures sur commande aux trains des gares de la Seyne et de Toulon. — **F. JUST**, Propriétaire.

Tarbes

GRAND HOTEL MODERNE

Place Maubourguet. — Ascenseur. — Chauffage central. — Bains. — Electricité. — *Eau chaude et eau froide.*

Grand garage — Prix modérés. — NOGUÈS, Directeur

Tarbes

TERMINUS HOTEL LOUSTAU

En face la gare. — *Entièrement neuf.* — Chambres. — Touring-Club. — Confort moderne. — Electricité. — Téléphone 0.33. — Garage. — Déjeuner 2 fr. 50 ; Dîner 3 francs. — Cuisine très soignée. — Correspondant du T.C.F. — *Transport de bagages gratuit.*

LOUSTAU, Propriétaire.

Toulon

GRAND HOTEL

Premier ordre. — Electricité. — Plein midi. — Vue sur la mer. — Vaste salle de fêtes. — Ascenseur. — Pension. — Chauffage central. — Bains privés avec W.-C. — Appartements laqués. — Chambres depuis 4 fr. par personne. — Garage et fosse pour autos. — A. T. C. et T. C. F. — **J. BOUILLOT**, successeur de **L. Fille.**

Toulouse

Grand Hôtel de l'Europe et du Midi

Square Lafayette. — De premier ordre avec tout le confort moderne. — Situé au centre des promenades et dans le plus beau quartier de la ville. — **Splendides salles de fêtes.** — Salon de lecture. — Chauffage central. — Salles de bains — Restaurant. — Interprètes. — Auto-garage avec fosse. — **Spécialité de foie de canard aux truffes du Périgord.** — EXPORTATION. — **P. DENJEAN**, Propriétaire.

Toulouse

GRAND HOTEL et HOTEL TIVOLLIER

(*RÉUNIS*)

Rue de Metz, rue Boulbonne et rue d'Astorg. — Installation unique dans le Midi, avec tout le luxe et le confortable des grands hôtels d'Europe et d'Amérique. — **200 chambres et salons.** — Appartements de luxe. — Salles de bains à tous les étages et dans les principaux appartements. — **3 ascenseurs.** — **Chauffage central.** — **Eclairage électrique.** — **Téléphone.** Hôtel diplômé par le Touring-Club de France. — Dans l'hôtel postes et télégraphe. — *Garage pour automobiles, avec fosse de réparation.* — **RESTAURANT TIVOLLIER ET GRAND-HOTEL.** — TOUT PREMIER ORDRE. — **Service à la carte et à prix fixe.** — **Cuisine et cave renommées.**

Vente exclusive des pâtés « TIVOLLIER »

Toulouse

GRAND HOTEL DE PARIS

RUE GAMBETTA, 66 (CAPITOLE). — **Complètement restauré avec tout le confort moderne.** — **Electricité.** — **Chauffage à la vapeur.** — **Salon de lecture.** — **Grand hall.** — **Cuisine soignée.** — **Très belles chambres.** — **Depuis 3 fr. 50 par jour.** — **G. LECOMTE**, Propriétaire.

Tours

GRAND HOTEL DE L'UNIVERS

Réputation européenne. — Central, près de la gare. — Lumière électrique. — Téléphone. — Salles de bains. — Ascenseur. — Garage. — Conditions particulières pour familles pendant la saison d'hiver. **Maurice ROBLIN**, Directeur

---

Tours

GRAND HOTEL DE BORDEAUX

Sur le boulevard en face, la gare. — **Premier ordre.** — Renommée universelle. — Prix réduit pour séjour — Chauffage central. — Garage. — Téléphone. — Chambre noire. — Salles de bains. — Omnibus à tous les trains. — Jules **BLANC**, Propriétaire.

Tours

MÉTROPOL-HOTEL

Sur le boulevard, place de la Gare

LORIN-BRUNE, Prop. (*Ancien propriétaire de l'Hôtel du Faisan*).

Tout premier ordre. — Entièrement neuf. — Salons. — Appartements complets pour familles. — Hygiène moderne. — Bains. — Chauffage central. — Ascenseur. — La plus belle situation de Tours. — **Place du Palais, 4 et 16, et rue de Bordeaux, 1 et 3.** — Téléphone 0.51. — Adresse télégraphique : *Métropol-Tours.*

Tours

HOTEL DU CROISSANT

Rue Gambetta, en face de la Poste. — Chambres et appartements confortables et réservés pour familles et touristes. — Cave et cuisine renommées. — Arrangements pour séjour et pour familles avec enfants — Omnibus à tous les trains. — Téléph. — **Maurice MARIE**, Propre.

Tours

HOTEL DU PALAIS

Place du Palais-de-Justice, faisant face à l'Hôtel de Ville près de la gare. — Chambres très confortables. — Electricité. — Prix modérés. — *Grande salle de café et restaurant attenant à l'hôtel.* — Déjeuner 2 fr.; dîner 2 fr. 50 et à la carte. — **Téléphone 4.47.** — **TELLIER**, Propr.

Le Trayas

"A LA RÉSERVE" Hôtel et Pension

Situation exceptionnelle dans le plus bel endroit de la côte au bord de la mer, au milieu des pins sur la magnifique route de la Corniche d'Or, Au pied du pic d'Aurelle. — Splendide véranda et terrasses sur la mer. — *Panorama unique.* — Installation moderne. — Garage et fosse. — Recommandé par le T. C. F. — Télégrammes *Coste, gare Trayas.* — J. **COSTE**, Propriétaire, successeur de Mme Sube.

Le Trayas

Estérel Hôtel et Grand Hôtel du Trayas

Dans une forêt de pins ; 100 mètres d'altitude, dominant la mer. — Confort moderne. — Lavabo à eau courante. — Chauffage central. — Electricité — Billard. — Tennis. — Pension depuis 9 fr. — Garage. — Voitures, chevaux et ânes pour excursions. T. C. F., T. C. B., F. C. A. — L'été : **VICHY-HOTEL**, à Vichy. — **GUICHARD-DOYAT**, Propriétaire.

Bruxelles

LE GRAND HOTEL

Boulevard Anspach, 23-27

Grill-room — Bar américain — Bureau de chemin de fer. — Enregistrement de bagages — *Envoi du Plan-Tarif franco sur demande.*

Arrangements, prix de pension.

Administrateur-Directeur : **J. CURTET**

Eaux Ferrugineuses et Bains de Spa (Belgique)

G^D HOTEL DE L'EUROPE

Propriétaire Henrard-Richard

Hôtel de 1er ordre situé près du Kursaal de l'Etablissement des Bains et du Parc. — Magnifique Auto-Garage gratuit pour les Clients. — Essence. **Téléphone n° 28.**

Spa (BELGIQUE)

GRAND HOTEL BELLE-VUE

1er Ordre

Magnifique Situation sur la Promenade

Près du Parc des Bains

Grand jardin contigu au parc. — Auto-garage gratuit

Adresse télégraphique **Belle-Vue-Spa** — Téléph. 34

OMNIBUS A LA GARE

ANGLETERRE

Jersey-Saint-Hélier

GRAND HOTEL DE L'EUROPE

Maison Française de premier ordre

Au centre de la ville, à 2 minutes de la mer et des chemins de fer

Cet hôtel est bien recommandé pour son excellente cuisine et son confort moderne. — Salle à manger de 200 couverts. — Salon avec piano. — Salle de lecture. Salle de bains. — Jardin et café dans l'hôtel — Garage. — Chambre noire. — Prix très modérés. — 9 à 10 fr. par jour, suivant chambre, tout compris — Omnibus à tous les bateaux. — *English spoken.* — *Téléphone.* — P. TRÉMEL, Propriétaire et Direct.

Saint-Sébastien

GRAND HOTEL BIARRITZ

Calle Guetaria, 8. — De premier ordre. — **Entièrement neuf.** — Situation centrale. — Lumière électrique. — Cheminées dans presque toutes les chambres. — Cuisine française et espagnole. — Arrangements pour familles. — *Prix modérés.* — J. JUANTEGUI, Propr.

Saint-Sébastien

HOTEL RESTAURANT FRANÇAIS

Rue Larramendi, 6 (angle rue Isabel la Católica, derrière la cathédrale, à 250 mètres de la gare). — Cuisine française. — *Déjeuner et dîner*, 2 pes. 50; 4 plats, pain, vin, desserts. — Arrangements pour familles. — Chambres confortables. — Prix modérés et prix spéciaux pour les enfants. — Pension depuis 8 pesetas par jour. — Personnel français. — *Interprètes à tous les trains.* — Raoul **BARRUL**, Prop.

Santander

Grand Hôtel-Restaurant Labadie

Blanca, 16, et Ribera, 13 — Se recommande par son confort et sa bonne cuisine française. — Service par petites tables. — Cave renommée. — Chambres avec vue sur la mer. — Belle salle de café dans l'hôtel. — *Personnel de la maison à l'arrivée des trains.* — On parle français.

Léandre LABADIE, Propriétaire

Saragosse

HOTEL-RESTAURANT CONTINENTAL

52, Coso, 52 (en face Calle de Alfonso). — *Premier ordre.* — Au centre de la ville. — Confort et élégance. — Terrasse. — Jardin. — Bains. — Douches. — Service à la carte. — Pension depuis 8 pesetas. — *Omnibus à tous les trains.* — On parle français — **Joachin CAVERO**, Prop.

Séville

GRAND HOTEL DE MADRID

Calle Mendez Nunez. — Hôtel de premier ordre situé au centre de la ville: — Splendide patio jardin à ciel ouvert, luxueusement orné de plantes exotiques. — Bassin et jets d'eau. — Rare salle à manger ornée de mosaïques rappelant le palais de l'Alcazar. — Cuisine très soignée. — Lumière électrique. — Téléphone. — Garage. — *Interprète et omnibus à tous les trains.*

Séville

HOTEL D'ANGLETERRE

Plaza de San Fernando

Le plus moderne. — Le plus spacieux. — Le mieux situé de la ville avec 63 balcons sur l'agréable place de San Fernando. — *Cuisine française* renommée. — Pension depuis 12 pesetas 50 par jour.

François CARRÈRE, Propriétaire.

Valladolid

CAFÉ ET HOTEL-RESTAURANT MODERNE

Fournisseur de la maison royale.

PLACE MAYOR. — Premier ordre. — *Très bien situé.* — **Pâtisserie.** — Chauffage central. — Salles de bains. — Billards. — Cuisine soignée. — Service à la carte et par petites tables. — Garage. — Voitures de l'hôtel à tous les trains. — On parle français. — **SILVESTRE MOTOS**, Propr.

V. SUPPLÉMENT

Spécialités pharmaceutiques
Chocolat Menier

GUIDES JOANNE

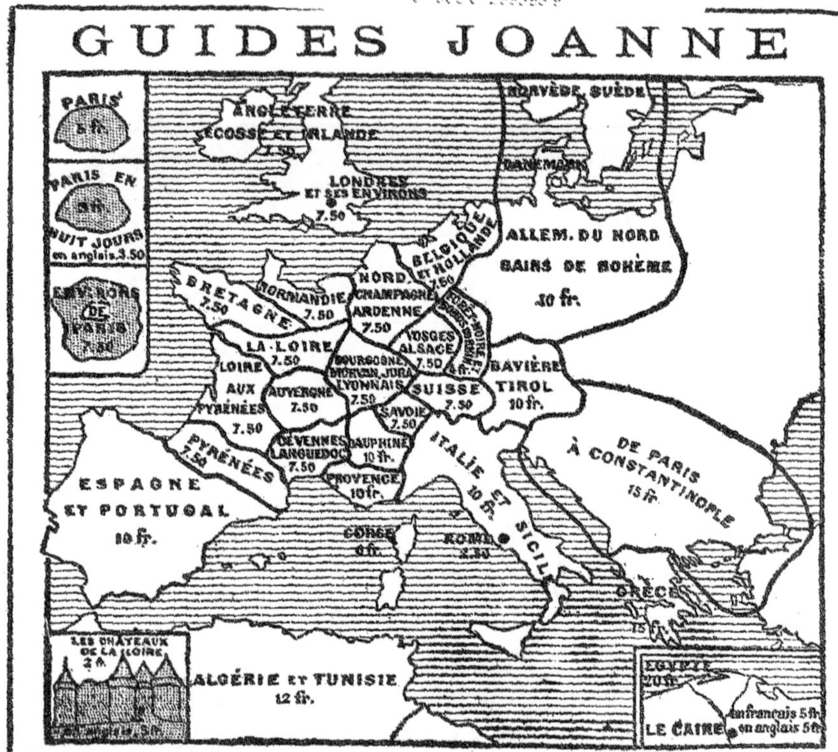

MONOGRAPHIES JOANNE

Série à 0 fr. 50

Arles et les Baux.
Lourdes.
Montpellier.

Série à 1 franc.

Aix-les-Bains.
Ajaccio.
Alger.
Angers.
Arcachon.
Avignon.
Bagnères-de-Bigorre.
Biarritz, Bayonne.
Blois.
Bordeaux.
Boulogne.
Bruxelles.
Caen, Bayeux.
Cannes, Antibes, etc.
Carcassonne.
Cauterets.
Chamonix.
Chantilly.
Chartres.
Châtelguyon.
Clermont-Ferrand, Royat.
Compiègne.
Contrexéville, Vittel.
Dax.
Dieppe et le Tréport.
Dijon.
Eaux-Bonnes.
Fontainebleau.
Genève.
Gérardmer.
Le Havre.
Iles de la Manche.
La Rochelle.
Luchon.
Lyon.
Le Mont-Dore.
Marseille.
Menton.
Mont-St-Michel.
Nancy.
Nantes.
Nice.
Nîmes.
Orléans.
Pau.
Plombières, Bains.
Poitiers.
Reims.
Rouen.
Royan.
Saint-Malo, Dinard.
Saint-Raphaël.
Saint-Sébastien.
Toulon, Hyères.
Toulouse.
Tours.
Trouville.
Tunis.
Versailles.
Vichy.

Série à 2 fr.

Gorges du Tarn.
G^d-Duché de Luxembourg.

www.ingramcontent.com/pod-product-compliance
Ingram Content Group UK Ltd.
Pitfield, Milton Keynes, MK11 3LW, UK
UKHW012031240726
13965UKWH00002B/704